项目名称：城市空间功能与价值链耦合推动产业升级研究，
教育部一般规划项目
项目编号：15YJA790003

城市功能、空间结构与产业效率

——以长江经济带城市为例

CHENGSHI GONGNENG KONGJIAN JIEGOU
YU CHANYE XIAOLYU
——YI CHANGJIANG JINGJIDAI CHENGSHI WEILI

柴志贤 著

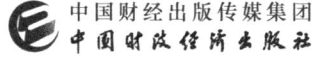

中国财经出版传媒集团
中国财政经济出版社

图书在版编目（CIP）数据

城市功能、空间结构与产业效率：以长江经济带城市为例／柴志贤著．—北京：中国财政经济出版社，2021.9

ISBN 978-7-5223-0725-1

Ⅰ.①城… Ⅱ.①柴… Ⅲ.①长江经济带-城市群-区域经济发展-研究 Ⅳ.①F299.275

中国版本图书馆 CIP 数据核字（2021）第 164638 号

责任编辑：彭　波　　　　　责任印制：史大鹏
封面设计：卜建辰　　　　　责任校对：徐艳丽

中国财政经济出版社 出版

URL：http：//www.cfeph.cn
E-mail：cfeph@cfeph.cn

（版权所有　翻印必究）

社址：北京市海淀区阜成路甲 28 号　邮政编码：100142
营销中心电话：010-88191522
天猫网店：中国财政经济出版社旗舰店
网址：https：//zgczjjcbs.tmall.com
北京财经印刷厂印刷　各地新华书店经销
成品尺寸：170mm×240mm　16 开　12.25 印张　200 000 字
2021 年 9 月第 1 版　2021 年 9 月北京第 1 次印刷
定价：68.00 元
ISBN 978-7-5223-0725-1
（图书出现印装问题，本社负责调换，电话：010-88190548）
本社质量投诉电话：010-88190744
打击盗版举报热线：010-88191661　　QQ：2242791300

前　言

近年来，产业升级一直是学者与大众关注的一个焦点问题。产业升级其实本质是一个产业效率的问题，产业持续升级，本质就是产业效率的持续提升。如何才能推动产业升级或效率提升，首先是企业本身的问题，提升企业技术水平似乎是产业升级的重要路径。但进一步地看，我们发现还有很多其他因素会影响企业技术能力，其中城市无疑是一个关键因素。

千百年来，城市都是物质财富生产与交易、文化创造与传播最主要的空间载体。在农耕时代，因为生产方式本质上是手工的，城市生产函数优势并不明显。进入工业化时代、后工业化时代，城市因为资本积累导致生产方式发生跃迁，其生产函数的优势变得尤为明显。这些导致城市比农村往往在产品制造方面有着更高的效率。然而城市在产业效率方面的优势不仅仅来自于企业本身，而是来自于企业之外。比如城市内部企业可以获得更好的市场优势，可以获得企业密集带来的外部经济优势，可以获得大学与研究机构带来的知识溢出优势。所有这些都是城市推动产业前进的基本逻辑或动力。此前很多研究，往往将城市作为一个笼统的整体，这让我们忽略了城市内在的维度性，使得我们仅仅知道城市之好，而不知其何以好。模糊的关于城市与高效率之间的关系，对于指导实践本身没有任何意义，因为很显然，当我们将大量人口机械地堆成一个城市的时候，是不会带来生产上的任何优势的，反而可能带来犯罪等社会问题。相对精确并定量地弄清楚，城市有用之处究竟是什么？这种有用之处与产业效率关联的逻辑以及实证检验，都是值得我们深入思考的。

当我们将城市进行解剖时，我们会发现城市其实是一个类似生物学上的有机的整体。城市具有空间上的结构与功能上的分工双重性质，城市的空间结构与城市功能之间如何互动？当我们从功能角度去看城市时，就会发现城市对产业升级的潜在影响并非铁板一块。相反，城市对产业升级或产业效率的影响路径，取决于其功能的复杂性与多样性。正如我们看到，世界上著名的特大城市，从人口规模上可能相差无几，但不同城市的内在功能水平可能大不相同。正是城市内在的功能差异，决定着城市的劳动力、资本、研发等一些可流动要素的流入或流出，影响着城市生产函数的特征，进而决定着城市的效率。

本书正是试图为产业效率提供一个新的从城市视角的解释，这种解释又分了几个部分进行。

一是选择重庆、武汉与南京几个典型城市，对城市内部空间结构变迁进行深入解读，空间结构描述变量可能有很多，本书试图运用地价作为指示变量，用等高线、空间 Moran 指数等作为度量方法，考察这几个典型城市的空间结构随着产业发展而呈现何种变化。二是以长三角城市为例，测算了城市工业效率，并运用计量分析方法探讨了城市功能对不同行业效率的影响特征。最后，我们以杭州及周边城市为例，从制造业迁移角度，探讨了相关城市的功能与处于不同价值链层次的产业之间的内在耦合性，即处于价值链低端的产业倾向于匹配功能相对较弱的低水平城市或地区，而处于价值链相对高端的产业则倾向于匹配功能相对较强的高水平城市或地区。这种内在耦合机制决定了杭州及周边城市功能与制造业发展会有一个共同演化的过程。本书利用空间分析，从二位数细分行业层面，利用中国工业企业数据库数据，对产业空间迁移与效率进行了深入讨论。

本书对于以产业升级为导向的城市更优化发展其实有一定的借鉴意义。尤其是近年来，随着城市规模的扩大或不断改造，究竟应该打造什么样的城市，本书的研究一定程度将会为解决这些困惑提供些许帮助。最后值得一提的是，本书是与研究生指导过程有机结合在一起的，我指导的研究生们为本书做了大量基础工作。

目　　录

第一章　绪论 ……………………………………………………………………… 1

第二章　城市结构、功能与产业发展的一般逻辑 …………………………… 3
　　第一节　城市的要素、功能与结构 ……………………………………… 3
　　第二节　城市结构、功能与产业发展的逻辑 …………………………… 7

第三章　城市功能的测度及其空间特征
　　　　——以长江经济带为例 …………………………………………… 13
　　第一节　城市功能综合评价指标构建及模型介绍 …………………… 14
　　第二节　城市功能综合评价的模型介绍 ……………………………… 21
　　第三节　长江经济带城市功能测度的实证分析 ……………………… 23
　　第四节　小结 …………………………………………………………… 36

第四章　城市的空间结构及其变化
　　　　——以长江经济带典型城市为例 ………………………………… 38
　　第一节　理论基础与文献回顾 ………………………………………… 38
　　第二节　长江经济带典型城市住宅地价空间结构演化特征分析 …… 42
　　第三节　长江经济带典型城市商服地价空间结构及演化特征分析 … 51
　　第四节　各城市住宅地价的决定因素分析 …………………………… 60
　　第五节　小结 …………………………………………………………… 65

第五章 城市功能与产业效率：理论及文献 ……………………… 68
第一节 相关概念 ……………………………………………… 68
第二节 文献回顾 ……………………………………………… 71
第三节 城市功能对生产率影响机制 ………………………… 77
第四节 小结 …………………………………………………… 85

第六章 长三角城市功能与制造业效率现实评价 ………………… 86
第一节 城市功能评价 ………………………………………… 86
第二节 长三角城市群制造业效率评价 ……………………… 92
第三节 小结 …………………………………………………… 104

第七章 城市功能影响制造业效率的实证分析 …………………… 105
第一节 相关性分析 …………………………………………… 105
第二节 变量选择与统计分析 ………………………………… 108
第三节 城市功能对制造业效率影响回归分析 ……………… 112
第四节 小结 …………………………………………………… 123

第八章 基于数量视角分析杭州及周边城市制造业的空间分布及演变 …… 126
第一节 杭州及周边城市制造业的发展脉络 ………………… 126
第二节 杭州及周边城市制造业的内部结构特点 …………… 128
第三节 研究区域、数据来源及研究方法 …………………… 130
第四节 杭州及周边城市制造业的空间布局演变 …………… 132
第五节 杭州及周边城市制造业的空间集聚演变特征 ……… 138
第六节 小结 …………………………………………………… 146

第九章 基于质量视角分析杭州及周边城市制造业的空间发展状况 ……… 148
第一节 数据来源与研究方法 ………………………………… 148
第二节 杭州及周边城市制造业的空间发展状况 …………… 149
第三节 杭州及周边城市制造业的专门化程度演变 ………… 151
第四节 小结 …………………………………………………… 157

第十章 开发区的设立对杭州及周边城市制造业空间布局的效应分析 …… 159
  第一节 开发区制造业企业基本情况 …………………………………… 159
  第二节 开发区制造业总产值的空间分析 ……………………………… 167
  第三节 开发区制造业从业人员人均产值的空间分析 ………………… 168
  第四节 小结 ……………………………………………………………… 169

参考文献 …………………………………………………………………… 171

第一章

绪　论

人类文明史上，城市从来不是孤立地存在着。中国最早的城市是半坡文明遗址、杭州良渚遗址，它们往往代表着部落文明，与之相伴的是陶器、玉器的制造，以及代表当时先进生产力的文化，这些可以称为人类城市的雏形。进入周朝以来，更为完整的城市开始出现，城市往往有明确的边界，城为郭，有城墙之意，市为交易之所，城市的功能包括提供安全庇护、生产与生活资料交换双重功能。关于城市的布局及其功能已经有了非常深入的思考。《考工记》有云，"匠人营国，方九里，旁三门。国中九经九纬，经涂九轨，左祖右社，面朝后市，市朝一夫。"可见早在两千年前，在城市的建设中，就注意到城市的政治、宗教与经济功能。随着生产力的发展，剩余产品开始不断增加，城市的空间不断扩张，人口也不断增加。南宋时期的临安（今杭州），人口达到100万人规模。但城市的布局与功能设置，基本思考延续了两千年前的模式。直到近代，随着工业发展，相应的城市布局与功能才发生比较显著的变化。

改革开放以来，中国城市化进入快速发展阶段，四十年来，城市化水平从20%增加到50%以上。城市化总体规模扩张表现在两个方面，一是城市个体规模的扩张，二是城市数量的增长。虽然不可否认农村地区对中国经济发展的贡献，但毋庸置疑的是，中国经济的发展主要驱动力是城市的快速发展。尽管究竟是经济发展驱动了城市发展，还是城市发展驱动经济发展，仍有待深入考察。但普遍认可的是，城市越来越成为现代经济增长的核心。

当下，中国经济正处于转型升级的关键阶段，正处于从数量增长模式向内涵增长模式转变的阶段。城市发展如何影响产业增长的质量，城市驱动产业转型的内在路径是什么，是值得我们探索的问题。现代城市经济学研究表明，城市具有显著的规模经济。按照奥沙利文的定义，城市最显著的特征就是高人口密度。Hall（1996）的研究表明，人口密度与经济效率呈现显著的正相关关系。这种效率的正相关的逻辑究竟是什么？恰恰是因为高人口密度带来的一系列规模经济。一是交通规模经济，因为高人口密度，降低了公共交通的单位成本，为良好交通基础设施提供了可能。二是市场规模经济，高人口密度带来更大的市场容量，为细分产业发展提供了更多机会。三是公共服务规模经济，污水处理等城市公共服务相比于人口密度更低的农村更为经济。城市的这些特性并非自然发生的，有着隐藏其后的逻辑，那就是城市本质上是各种功能组合形成的综合。这些功能被很多学者深入考察过，从不同角度，关注不同的功能。但总体来说，大体包括生产功能、生活功能、交通功能、服务功能等，这些功能可能彼此有一定联系，但又有比较显著的区别。城市对产业发展的的作用，很大程度是通过这些功能发挥作用的。

进一步地，城市并不是一个无差别的整体。城市的各类功能均需要一定的承载空间。不同功能的空间组织形式导致城市空间结构的差异性，为城市提供了更多的解读可能。城市功能空间安排的有序，对于城市的发展具有显著的促进效应。随着城市化的快速发展，城市空间也不断拓展，城市功能与空间结构的关系也是一个值得关注的问题。城市空间结构的多中心化趋势带来城市内部功能格局的变化，与城市产业发展具有互动效应。城市群的结构效应，也与各个城市功能发展不断形成反馈互动，进而与各个城市的产业发展彼此影响。

本书将首先对城市功能、空间结构与产业发展的逻辑进行理论层面探讨，接着运用熵值分析法对长江经济带城市功能进行测算与分析，并以重庆、武汉与南京为例，以地价为显示变量，探讨城市内部空间结构变化特征，分析城市内部结构与功能及产业发展关系。接着，我们以长三角城市为例，较深入地探讨城市功能与产业效率关系，运用基于BBC的DEA方法测算各城市分行业的生产率，然后进行计量分析，检验城市功能因素对产业生产率的影响。本书最后，利用杭州及周边城市产业数据，从企业数量、产值等出发，综合运用标准椭圆分析法、核密度分析法等，分析产业空间布局及其变化，并从城市功能、结构与政策等角度进行讨论。

第二章

城市结构、功能与产业发展的一般逻辑

第一节 城市的要素、功能与结构

一、城市的基本要素

现代城市越来越表现为一个复杂、有机的整体。要素是基本单元，城市要素包括人口、土地、资本、组织多个方面。

人口是城市最核心的要素变量，一般来说，城市规模均以人口数量加以度量。人口密度往往也是城市的一个重要标志。这是因为单位面积人口数量的多少很大程度决定城市的潜力。人既是生产者，也是消费者。从生产者角度，人是劳动力，属于最有活力的可变的要素供给。城市不仅仅是人口数量的简单加总，而是表现为特有的人口集聚效应，各种社交网络、特定人群形成的亚圈子，导致知识生产与流动加快，使得城市知识总量远远大于个人掌握知识总量的简单加总。Glaeser（1992）指出，城市具有显著的学习效应，导致城市工作人员能更快学习知识。城市集聚的高素质人才具有知识生产效应，而人口的频繁互动则带来快速知识溢出效应，使城市知识生产函数具有倍增效应。从消费者角度看，城市人口数量很大程度决定城市市场潜力。当然，这种决定效应取决于人口的年龄、学历等结构特征，年轻化的人口结构、高学历结构更容易带来更大的市场潜力。

土地是城市一切发展赖以存在的承载要素。城市行政区划面积制约着城市的总体发展空间。城市土地的空间特征影响着城市的基本形态。河流交错的城市，天然具有良好的生态功能及其修复能力。平原地带的城市，具有更好的空间拓展能力，具有更好的交通发展基础。山地城市的发展空间则相对受到制约。进一步地，土地并非通常所理解的建筑物存在之根基，也不是农业用地表现出的土地肥沃程度差异及其级差地租。城市土地差异往往表现为其附着功能属性的差异，不同城市因为交通与区位，其土地功能属性自然不同，导致土地价格的天然差异。同一城市内部，其不同区位的土地，因为交通、附属教育与商业功能差异，也表现出显著的异质性。可以看出，土地要素不是孤立地存在着，而是与存在于土地之上的各种功能耦合在一起，高质量功能带来土地价值增值。

资本是一种具有"松脚型"特征的要素，逐利性特征导致资本会在城市之间或城市内部相对自由地流动。资本因而是城市要素中最为重要的因素之一。城市因为其人口优势、人才集聚优势，更容易集聚物质资本，进而形成生产力优势。不同规模城市，因为市场潜力差异与知识存量差异，在吸引资本方面也显著不同。大城市往往具有综合优势，往往成为资本向往之地。但大城市病也给资本利用带来比较高的成本，因此，资本属性差异会导致资本区位差异。一些高质量资本容易集聚于规模较大的城市，因为能克服相对较高的区位成本，而一些相对低质量的资本则容易集聚于规模较低的城市，因为相对较低的区位成本更有利可图。因为资本往往具有强烈的资产专用性，导致资本具有典型的行业特征，不同行业的资本在城市之间往往表现出空间差异性。一些城市可能集聚与某种行业关联的特定资本，一些城市则可能集聚与另一些行业关联的特定资本。

组织是一种"软"要素，是影响城市发展水平的重要力量。马歇尔在《经济学原理》中明确指出，组织具有效率倍增效应，生产过程中，企业家及其管理才能是一种重要的生产要素。从城市角度看，这种组织、管理的要素也切实存在，但外延更加宽广，不局限于一个企业，而是存在于一个行业以及不同行业之间，各种行业协会组织、第三方服务机构等都代表城市的组织与管理能力，它们将城市生产、消费、研发等各个环节有机地整合在一起，减少彼此的交易成本，促进知识的溢出效应，进而提升城市的生产能力与城市竞争力。

二、城市的功能

（一）城市功能的基本内涵

城市与生俱来具有功能性。最早的城市往往是因对自然崇拜的祭祀等宗教功能而诞生，随后随着人口的逐渐集聚，进一步演化出更多的功能特征。如马克思、恩格斯指出，原始城市的主要功能是保护部落安全的军事功能，尤其在战争纷起的年代，城市在军事上的防守功能占据重要地位。在统一大国内部，军事保护功能则相对减弱，除了保护免于强盗劫掠功能，更多的是政治与经济功能。在封建时期，城市的建设与发展往往与某个封地有关，领地主为了稳固自身统治而建设相应城市。与此相伴的是，由于城市内相对密集的人口，带来了手工业的繁荣与发展，进而衍生出相应的经济功能。总之，随着城市发展，城市功能逐渐从单一化向多元化进化。列宁认为城市是政治、经济与精神生活的核心。马丘比丘宪章（1977）指出城市功能是综合的系统，而不是单一性的系统。也有很多国外学者对城市功能进行了不同的定义，如许多学者把城市功能理解为包含基本功能与非基本功能。

苏志刚（1998）认为，城市功能是城市从客观上所带来的作用及效能，从严格意义而言有别于城市职能，城市功能是城市在政治、文化、经济等方面承当的义务与作用。葛海鹰（2005）将城市功能定义为基于要素禀赋，承担区域的社会、政治、生态、经济等发展任务的具有阶段变化性的职能系统。也有其他国内学者从多个层面对城市功能进行了定义，如刘岐（1992）认为城市功能有一般功能、主导功能、基本功能的差别。目前一般将城市功能定义为城市在一个国家或地区内的社会经济活动里施展的作用。

归纳上述国内外对城市功能内涵的研究，可见城市功能是一个体现作为复杂系统的城市的经济、政治、文化、社会等多方面价值，是城市在国家或地区内的社会经济活动中的义务与作用。

(二) 城市功能的基本特征

城市功能是复杂的体系，其涵盖了许多功能。了解城市功能的特点，能够更好地揭示城市功能的运行机制，施展出城市在社会经济中的作用。城市功能具有以下特点：整体性、结构性、层次性、开放性、动态性。

第一，整体性。城市功能是多种功能互相关联与作用产生的有机联合的集体，并不是单纯的累加。各功能均为城市综合功能的组成部分，按照综合功能的目的发挥承担各自的任务与作用，受综合功能与分功能相互关系的约束。一个城市要完全施展出自己的功能，必须合理分配各功能的资源要素，并实现整体的最优。

第二，结构性。城市具有特定的功能与结构，城市结构既包含内部的，又包含外部的。城市综合功能取决于内部结构，而内部结构是指各要素间、要素与整体间相互作用的方式。其中，各要素呈现出各自的功能，要素的有机联合导致城市的有机联系，最终构成城市综合的功能结构。

第三，层次性。城市功能具有较为突出的层次性。城市功能是由众多有差异的层次的子系统所组成的。每一个子系统对于大系统来说均是子系统，但对于其下一层级的系统又是母系统。城市功能系统与子系统的从属关系的差别，产生了等级即层次。层的变动带动结构的变动，进而推动城市综合功能的变动。

第四，开放性。城市功能体系不是一个孤立的系统。在经济的发展进程中，地区内的人流、物流、信息流、资金流经过众多方式集聚于城市，并通过市场的优化组合引发放大效应及集聚效应，最终构成城市的各项功能。城市功能不仅在一定区域内具有开放性，在全国、全世界均体现着开放性。

三、城市的结构

城市结构是城市要素的组织模式，包括政治结构、经济结构、空间结构等多个维度。城市系列功能本质上具有空间特征，本书中，我们主要关注城市的空间结构。城市本身是经济要素集聚的结果，但城市内部要素也非均匀分布。城市内部要素通过有机组合，形成相应的具有空间异质性的功能系统。一般地，城市空间结构有单中心与多中心之分。单中心城市的经济与政治功能往往集聚于城市中心，其他地区则相对薄弱。多中心城市的功能则相对分散，可能不同中心承担不同类型功能，也可能多类型功能整体分散化。

第二节

城市结构、功能与产业发展的逻辑

一、城市与产业发展的一般逻辑

城市一方面是人口的聚合，大量人口在空间的集中；另一方面是大量就业机会的集中。二者具有天然的统一关系。但是这种统一并不意味着城市与产业发展之间是自然的和谐关系。这一点从不同城市巨大的竞争力差异就可以看出，即使人口规模相同的城市，其竞争力往往大不相同。其背后原因就在于，不同城市人口的就业结构存在差异，这种就业结构是产业竞争的原因，也是结果。进一步的问题是，为什么同一人口规模水平的城市，其产业发展水平与层次会存在较大差异？这种产业发展水平绝不是天然形成的，必然是一系列城市内在因素、城市的历史因素以及城市的外在区位、行政地位等因素共同作用的结果。城市兴则产业兴，城市演进则产业演进，反过来同样成立。

分析城市可以发现，大量城市往往具有相对单一的产业特征。大量中小城市往往呈现马歇尔式小企业集群，单一产业空间集聚主导形成城市，产业的扩张导致城市扩张，城市规模扩大为产业发展带来更广阔的机会。当主导产业陷入衰退，城市也相应萎缩，反之亦然。另有大量城市，尤其是大型城市产业逐渐改变单一产业主导特征，逐渐走向多元化，多个产业之间可能存在一定的有机联系，带来显著的多样化经济。产业多样化经济给城市产业竞争力提供了额外动力，也让城市发展相对更为稳健，不至于因为单一产业兴衰而兴衰。反过来，规模较大的城市，具有多种服务提供能力，为多元化产业发展提供充足养分。大城市往往具有更高水平的高等教育与科研能力，具有更强的知识产出能力，而大城市各种社会网络效应，各种论坛、会议等为高层次人才提供充分的面对面交流机会，增进知识的传播与扩散。同时，现代技术创新变得越来越复杂，成为一个复杂的非线性相互作用过程，大城市能为这种复杂非线性过程的各个节点提供更为有利的支撑，包括人才、资本、创新测试、市场反馈等各个方面。创新本身又具有鲜明的外溢特征，一是同一创新在企业之间的扩散效应；二是创新本身的范围经济，即一项技术创新或专利对其他类型技术创新会具有启发性与借鉴意义；三是创新的空间外溢性，Jaffe（1993）研究指出，知识溢出具有显著的地理衰减效应，使得大城市内的企业更容易接受到创新核心区域的新知识或成果。

理论与经验均表明，产业在空间具有显著迁移的趋势。按照产业生命周期理论，新产品生产往往集聚于创新能力相对较强的城市，而标准化已经完成的产品生产则可以向成本较低的城市或外围地区迁移。随着新技术不断涌现，产品迭代不断进行，产业空间呈现一轮又一轮的扩散与迁移特征。城市与产业因而呈现动态耦合效应，发达的城市始终处于产业创新的前沿，而经济相对落后的城市的产业往往是创新能力较弱、附加值较低的中低端产业。但这些结论的前提是假定城市的发展水平保持稳定，事实上城市之间的竞争正变得日益激烈。纵观全球，随着时间推移，一些城市竞争力开始减弱，另一些城市竞争力不断加强。这种相对变化正是其产业演变造成的，一些城市因为在某项创新方面的优势，或者明星企业带领作用，逐渐在某一领域形成独特优势，这种优势一旦形成，便容易不断加强并强化。

二、城市的结构与功能

城市与产业发展之间相互作用并非是完全直接的。城市并非一个抽象的整体，其各种要素通过一定的有机整合形成特定的结构与功能，进而从中观层面对产业发展产生驱动效应。

城市功能随着城市发展而不断演进，经历了一个不断复杂分化的过程。对城市功能的认识演进也不断深化，表2-1归纳总结了国内外学者对城市功能的分类。

表 2-1 城市功能的分类

时间	学者	分类
1921 年	英国学者奥索隆	行政、防务、文化、交通、娱乐
1933 年	《雅典宪章》	居住、工作、游憩、交通
1943 年	哈里斯	制造业 M' 亚类、制造业 M 亚类、零售商业 R 类、批发商业 W 类、运输业 T 类、矿业城市 S 类、大学城市 E 类、综合城市 D 类、娱乐休闲 X 类、政治中心 P 类
1988 年	吴郝	主要功能、基本功能
1990 年	刘祁	主导功能、一般功能、基本功能
2004 年	纪晓岚	养育功能、教育功能、生产功能、娱乐功能、记忆功能、管理功能
2004 年	潘承仕	生态功能、社会功能、经济功能
2005 年	葛海鹰	经济功能、政治功能、文化功能、社会功能、生态功能
2014 年	闫程莉，安树伟	人口聚集功能、产业发展功能、吸纳就业功能、公共服务功能
2016 年	李广东、方创琳	生态功能、生产功能、生活功能

1921 年，英国学者奥索隆首先将城市功能分为行政、防务、文化、交通与娱乐。1933 年发布的《雅典宪章》将城市功能分为居住、工作、游憩与交通。美国的哈里斯（1943）则做了进一步细分，考虑政治功能与商业功能等。国内学者也尝试不断对城市功能进行解构，闫程莉与安树伟（2014）考察了城市的人口集聚功能、产业发展功能、吸收就业功能与公共服务功能等。李东伟和方创琳（2016）将城市功能主要分解为生态功能、生产功能与生活功能。总体看来，《雅典宪章》对城市的核心功能给出了一个基准性的框架。但过去近一百年来，产业获得了飞速发展，逐渐由工业化时代走向后工业化时代，制造业也发生了显著分化，一部分制造业以服务业形态出现，但同时与制造业始终保持紧密的联系。这使得城市服务业超越了传统城市以服务生活为主的形态，进化为生活服务与生产性服务兼备的服务形态，进一步地，城市人口集聚为城市管理服务提出了更高要求，围绕人的发展，从教育、医疗等各个方面的服务需求不断增加，形成公共服务业。中国的城市往往也是行政功能的重要载体，不同等级的城市承载着不同层次的行政功能，承担着城市治理的职能。

城市的这些功能表现出显著的空间特征。早期的城市从空间上看往往表现出无序的特征，由于缺乏规划，城市居住、工作与服务功能在空间上的分区并不明晰。随着城市规划研究与应用，城市空间问题逐渐得到重视。一些城市逐渐从空间无序走向有序，并呈现出特定的空间结构。这种空间结构与功能结构交互作用，演化出当代城市的各种多样的空间结构。

区域科学学派、区域经济学与城市经济学领域的学者对城市空间问题进行了大量研究。阿隆索（1964）借鉴杜能的农业区位论思想，研究了单中心城市的土地利用与区位问题，指出城市土地利用具有显著的分区特征，距离市中心距离远近与土地利用类型之间存在显著关联，市中心一般为商业用地，郊区为工业用地。MM 则提出了城市间土地利用价格均衡的思想，指出人的自由流动会导致城市间地价的空间均衡。20 世纪 80 年代以来，藤田昌久等的研究表明，随着城市规模扩大，逐渐会形成多中心城市结构，或者形成一系列城市次中心。近年来，国内城市逐渐经历了一个单中心向多中心过渡的过程。城市经济、服务等功能逐渐分散化，城市功能综合体如雨后春笋般崛起。随着产业不断外迁，城市经济功能也逐渐向周边迁移，随之而来的是就业不断向外迁移，进而进一步带动城市相关服务业向城市周边或周边城市迁移。从城市群来看，资本的高流动性伴随着制造业的迁移过程。制造业功能因而也在城市间重新布局，尤其是大城市的制造功能相对衰减，而中小城市的制造功能相对上升。

三、城市功能内在规律与机制研究

（一）城市功能空间演变的微观基础研究

国内外学者注重运用主流经济分析方法，从信息革命等事实出发，研究微观企业经济活动的空间区位重构效应。Ota 和 Fujita（1993）最早将城市群功能分工形成的微观过程模型化。Duranton 和 Puga（2005）则将城市间产业分工向功能分工的转变过程模型化，指出美国管理活动相对集中于大城市，而生产活动则集聚于中小城市。Grossman 和 Hansberg（2006）认为，通信和交通技术革命使各生产环节可在不同地点完成，会推动各地区功能专业化。Henderson 和 Ono（2008）分析了企业将总部和工厂分离的动机，认为企业总部异地区位选择面临的生产成本下降与管理成本上升的权衡取舍。Davis 和 Henderson（2008）分析美国数据发现，企业总部倾向定位于生产性服务业相对完善的城市区。其他研究也进一步支持了企业总部功能向中心城市集聚，而制造功能则向边缘地区转移的特征（Fujita，1997；Kolko，1999；Khan and Vives，2009）。朱彦刚等（2010）分析全球500强企业数据也得出类似结论，高等级城市承担跨国公司的价值链高端功能、低等级城市则承担价值链低端功能。

（二）城市群功能空间分布及其问题研究

部分学者注意到城市群内部存在分工抑制与不合理问题，并进一步考虑了城市群的行政等级与政府政策偏向等问题。一些研究主张，应进一步加强大城市的集聚功能，如陆铭（2016）、陈钊和陆铭（2014）、陆铭、向宽虎、陈钊（2011）均认为应进一步强化大城市的集聚效应，指出应走大城市发展道路。不可否认，基于市场机制的城市集聚有利于提高效率，值得鼓励，但政治扭曲与行政干预导致的中心城市过度集聚则可能是低效率的。不少研究注意到，目前中心城市在城市群功能分工中过度占据主导地位。马昂主（2008）认为中心城市应摆脱高度竞争的"全能"状态，需朝"功能化成长"方向发展。魏后凯（2014）指出中国城镇化进程中出现了大城市偏向的两极化倾向，特大城市规模迅速膨胀、中小城市和小城镇相对萎缩。而一些附加宏观调控职能、通过财政补贴、税收减免、土地供给政策优惠与重大产业项目投资布局等实施的"泛化"区域政策往往起着加剧地方政府同质化竞争的作用，抑制区域分工并影响经济地理分布（孙久文、原倩，2014；周黎安，2008；陆铭等，2011；魏后凯，2014）。赵勇和魏后凯（2015）认为基于地方发展主义的地方竞争和政府干预行为，对正常的经济地理分布及其演变产生了显著的影响，导致产业集聚及其空间分布不再是纯粹的市场过程。Zhao、Cai和Zhang（2005）认为在信息不对称条件下，由于信息集中于少数行政管理机构，使北京更能吸引跨国公司进入，并且在金融中心发展方面比上海更有优势。

（三）城市功能的测度、分工及其对产业升级影响研究

国内学者主要以城市群为对象，测度并分析城市群功能及其分工演进，并注意到城市功能对产业升级的作用。陈建军（2007）发现，1980年以来，长三角传统制造业发展重心从上海转移到了周边的浙江和江苏地区，驱动了长三角城市群的功能专业化现象。张若雪（2009）研究表明，长三角的上海和江浙之间从产品分工走向功能分工，研发和专业服务逐渐向上海集中。赵勇和白永秀（2012）基于D-P指数，根据城市"租赁与商务服务业"从业人员测算了中国城市区功能空间分工，指出中国城市群功能分工水平总体相对较低，但注意到东部城市群分工水平高于西部，中心城市分工水平高于外围城市。齐讴歌和赵勇（2014）则用生产性服务业从业数据测度并分析了中国城市群功能分工的D-P指数，及其时序演变与区域差异，得到类似结论。赵渺希（2012）对长三角区域的城市功能进行了时间序列的动态分析，指出长三角区域形成了城市群内功能的分类集中特征，以上海为主要核心的生产服务业集聚城市，邻近上海的苏州、无锡成为技术密集产业集聚的城市，南京、杭州、宁波等核心城市也具有较高产业价值区段的职能，其余城市是附加价值较低的外围区域。王猛、高波和樊学瑞（2015）同样利用D-P指数进行城市群功能测算，发现长三角中心城市与外围城市间"服务—生产"功能分工存在增强趋势，控制人均资本存量、人力资本、政府行为与外商直接投资等因素后，发现城市功能专业化显著促进了经济增长。宣烨和余泳泽（2014）进一步提出，长三角城市群内不仅存在服务功能和生产功能的分工，也存在服务功能的层级分工，即高等级城市集聚了高端生产者服务业，而低等级城市集聚了低端生产者服务业，同时指出这种城市群内功能分化促进了生产率的增长。周韬和郭志仪（2015）研究了城市功能变化对产业升级的影响，证实了城市空间的演化与信息化会有效推动产业升级。

第三章

城市功能的测度及其空间特征

——以长江经济带为例

目前一般采用综合评价对城市功能进行测度，综合评价方法概括有主成分分析法、因子分析法、聚类分析法、模糊数学综合评价法、灰色系统评价法、人工神经网络评价法、数学包络分析法、层次分析法、熵值法等。此外，这类运用综合评价方法来测度城市功能的文献还并不是很多。国内学者在定量测度城市功能时，采用的常见的综合评价方法大致有如下几种。

张文剑、王少平（1997）运用功效系数法，并结合"1-9标度法"对我国46个主要城市的设施水平进行统计评价，以此揭示我国城市的发展质量，为今后的城市化发展道路提供可靠的科学依据，功效系数法是一种综合评价多目标决策的方法，在对数据同度量处理后可获得相应的功效系数，再结合各功效值可得综合评价值。潘承仕（2004）用偏离份额分析法即SS分析法，来评价重庆市的经济功能，SS分析法侧重于一定时间内的城市经济功能状况和所在地域的平均发展水平的比较；用基于模糊综合评价的BP人工神经网络法来评价重庆市的生态功能和社会功能，吸收模糊综合评价和BP人工神经网络法的优点的同时改进两者的缺陷。葛海鹰（2005）采取人工神经网络技术来得到城市功能评估指标体系的指标权重。人工神经网络是神经元的广泛连接而产生的复杂系统，用此方法确定指标权重具客观性、准确性。闫程莉和安树伟（2014）采取层次分析法建立中国首都圈中小城市功能评价指标体系的指标权重，发现首都圈的特大城市规模的提升，将提升圈内中等城市及小城市的功能。王富喜和毛爱华（2013）运用熵值法测度了山东省的城镇化质量，发现山东省17个地市的城镇化发展不平衡。唐壬艺和何林（2013）通过熵值法，对 2010~2011 年长江经济带的重庆、成都、南京、杭州、长沙、武汉的城市化水平进行了综合评价，结果发现城市化水平从高到低为南京、杭州、成都、重庆、武汉、长沙。

当前，学术界有许多关于多指标综合评价的方法，基本可以归为两大类：主观赋权评价法与客观赋权评价法，运用熵值法对城市功能进行综合评价，既可避免权重确立过程的主观因素及客观局限，从而排除主观赋权法的随机性问题，又可解决多指标变量之间的重合问题。本文亦用熵值法对 2008~2016 年长江经济带 31 个城市进行综合评价，本章所选的 31 个城市既包含城市化水平高的城市，同时又有城市化水平一般及较差的城市，研究对象比较全面；同时，本文立足长期的视角评价长江经济带城市功能，所获得的城市功能发展状况较为准确。

第一节
城市功能综合评价指标构建及模型介绍

本章选取长江经济带城市为研究对象，结合长江经济带城市的发展现状，并基于数据可得性，将城市功能划分成交通功能、制造功能、生产服务功能、公共服务功能、行政功能。接着建立了长江经济带城市功能综合评价体系，对评价体系的指标构建原则及依据进行了相关讨论。在此基础上，提出了长江经济带城市功能的测度方法——熵值法，并对该模型进行了详细介绍。

一、城市功能综合评价的指标构建

本节依据综合评价指标系统的基本建立规则，并联系本文分析的城市功能综合评价指标的选取依据，创建了长江经济带城市功能综合评价体系。下文将从城市功能综合评价的指标构建原则及依据这两方面进行阐述。

（一）城市功能综合评价的指标构建原则

本节依据综合评价指标系统的基本创建规则，建立了长江经济带城市功能综合评价指标体系，具体的规则如下。

1. 全面性原则

即评价指标体系必须反映被评价问题的各个侧面，要保证评价对象的每个侧面由"若干个有代表性的指标"来描写。城市功能是由多种功能相互关联所构成的有机体。由第二章对城市功能内涵的综述可知，城市功能是复杂的系统，涉及政治、经济、文化、社会、生产等方面，因而本文在评价长江经济带城市功能时，应综合考虑各方面的因素，全面地选择评价指标。

2. 目的性原则

即评价指标体系的建立需要与综合评价目的紧密相连。本文的目的是评价长江经济带城市的城市功能，考虑长江经济带城市的发展现状，长江经济带城市的综合功能应涉及政治、经济、交通、公共服务、生产这些方面。本节依据长江经济带城市综合功能的目的建立了相对应的评价指标体系。

3. 可比性原则

即评价指标体系必须对每一个参评对象都是公平的、可比的，不能有一些明显倾向于一个或多个参评对象的指标。城市功能综合评价指标体系对指标的选择都是基于城市功能这个总目标层层剖析的，而非站在一个或多个参评对象的角度考虑的，具有公平性、可比性、客观性。

4. 可操作性原则

即评价指标系统中的具体的指标必须是可操作的，能有确切的数据支持。当出现不可操作的指标时，因寻找统计估算的方法或者是寻找可替代的指标，不能一概直接删除，否则会影响评价的全面性。本文遵循前人的研究基础及数据的可得性原则，借鉴《中国城市统计年鉴》中关于人口、劳动力及土地资源，综合经济，工业、交通运输、教育、文化、卫生、人民生活等方面的细分指标，建立本文的长江经济带城市功能综合评价体系。

（二）城市功能综合评价的指标构建及依据

基于上文城市功能综合评价的指标构建原则、数据可得性原则及《中国城市统计年鉴中》对城市发展的各方面的细分，并结合第二章关于城市功能的文献整理，建立城市功能综合评价体系。长江经济带城市功能评价指标体系由三个层系组成，第一层为总目标，即城市功能；第二层为子目标，包括交通功能、制造功能、生产服务功能、公共服务功能、行政功能；第三层为指标层，每个子目标都用多个具体的指标进行相关描述。本文将综合评价指标体系的目标分为几个不同的侧面，并在此基础上逐步细分，直到每个侧面均可用具体的统计指标来描写、实现。长江经济带城市功能综合评价的指标体系见表3-1。

表 3-1　　　　　　　长江经济带城市功能综合评价体系

总目标	子目标	指标	
		指标名称	单位
城市功能	Ⅰ 交通功能	人均铁路客运量	人次
		人均公路客运量	人次
		人均民用航空客运量	人次
		人均铁路货运量	吨/人
		人均公路货运量	吨/人
		人均民用航空货邮量	吨/人
		人均年末实有城市道路面积	平方米/人
		年末实有公共汽（电）车运营车辆万人拥有量	辆/万人
	Ⅱ 制造功能	人均工业生产总值	元
		第二产业占 GRP 的比重	%
		第二产业从业人员比重	%
		万人制造业从业人员数	人/万人
		万人电力、燃气及水的生产和供应业从业人员数	人/万人
		万人建筑业从业人员数	人/万人
	Ⅲ 生产服务功能	第三产业占 GRP 的比重	%
		人均限额以上批发零售贸易业商品销售总额	元/人
		第三产业从业人员比重	%
		人均科学技术支出	元/人
		万人交通运输、仓储和邮政业从业人员数	人/万人
		万人信息传输、计算机服务和软件业从业人员数	人/万人
		万人金融业从业人员数	人/万人
		万人租赁和商业服务业从业人员数	人/万人
		万人科学研究、技术服务和地质勘查业从业人员数	人/万人

续表

总目标	子目标	指标	
		指标名称	单位
城市功能	Ⅳ公共服务功能	人均绿地面积	公顷/人
		建成区绿化覆盖率	%
		人均教育支出	元/人
		万人拥有小学学校数	所/万人
		万人拥有普通中学学校数	所/万人
		万人拥有普通高等学校数	所/万人
		万人拥有小学专任教师数	人/万人
		万人拥有普通中学专任教师数	人/万人
		万人拥有普通高等学校专任教师数	人/万人
		万人拥有公共图书馆图书总藏量	千册/万人
		万人拥有医院、卫生院数	个/万人
		万人拥有医生数（执业医师+执业助理医师）	人/万人
		万人水利、环境和公共设施管理业从业人员数	人/万人
		万人卫生、社会保障和社会福利业从业人员数	人/万人
		万人公共管理和社会组织从业人员数	人/万人
	Ⅴ行政功能	人均公共财政支出	元/人
		人均行政区域土地面积	平方公里/人
		是否直辖市	
		是否副省级及以上城市	
		特区、新区或国家综合改革试验区	
		领事馆数量	个

根据表3-1可知，本文的长江经济带城市功能通过交通功能、制造功能、生产服务功能、公共服务功能、行政功能这五个方面来确定，针对这五个分功能，需要用详细的统计指标来描述，具体如下。

1. 交通功能指标选择及其依据

交通功能对城市功能而言是非常重要的组成部分，城市内部的发展及城市间的联系都离不开交通功能的支撑。考虑数据的可获得性，本文从客运、货运、市内公共交通这三个角度来描述交通功能。

其中客运用人均铁路客运量、人均公路客运量、人均民用航空客运量这三个指标来描述；货运用人均铁路货运量、人均公路货运量、人均民用航空货邮量这三个指标来描述。这些客运和货运的指标是体现了运输业为国民经济、生活的量化指标，同时是拟定和查验运输生产规划、分析运输发展范畴和进度的关键指标，是交通功能中的基础的环节。

市内公共交通用人均年末实有城市道路面积、年末实有公共汽（电）车运营车辆万人拥有量这两个指标来描述。下面就这两项指标做简要的说明。

（1）人均年末实有城市道路面积。该指标是指路面经过铺筑的路面宽度在3.5米及以上的道路。目前城市的交通拥堵状况日益严峻，这一指标在很大程度上反映了城市交通压力的缓解能力，是城市交通功能的重要体现。

（2）年末实有公共汽（电）车运营车辆万人拥有量。该指标是指城市公共交通企业可参加营运的全部车辆万人拥有量。公共汽（电）车在城市中是非常重要的出行方式，公共交通的发展有利于缓解交通拥堵、环境污染等问题，有利于城市的可持续发展。因而加入这一项指标对城市交通功能乃至城市功能而言都是非常重要的。

2. 制造功能指标选择及其依据

这里所提的制造功能主要是围绕第二产业展开的，制造功能是测算城市功能，特别是测算长江经济带城市群城市功能的重要的经济类指标。借鉴纪晓岚（2004）在论城市的基本功能中提出的将城市的生产功能分为物质产品、精神产品、人才的生产这三方面的思路，本文从人与物这两方面来衡量制造功能，从工业产值（物）的角度出发设立了人均工业生产总值、第二产业占GRP的比重这二项指标。采用人均生产总值两项指标，衡量了城市的人均经济总量水平；而第二产业占GRP（地区生产总值）的比重体现了一个城市的产业结构状况，这两项指标可以相对准确地衡量出一个城市的制造功能强弱。

此外，本文从工业就业（人）的角度出发设立了万人制造业从业人员数、万人电力、燃气及水的生产和供应业从业人员数、万人建筑业从业人员数、第二产业从业人员比重。而第二产业按"三次产业分类法"可表示为：采矿业，制造业，电力、燃气及水的生产和供应业，建筑业，在数据的可得性基础上设立的上述指标基本涵盖了第二产业的各细分部门的从业状况。2012年11月，中共十八大报告强调"科学规划城市群规模和布局，增强中小城市和小城镇产业发展、公共服务、吸纳就业、人口集聚功能"。因而上述就业类指标必不可少。

3. 生产服务功能指标选择及其依据

生产性服务业是推进工业进步、产业升级等提供保障服务的服务行业，为城市的进一步发展带来了新的动力。生产服务功能对城市功能的贡献日益增强，因而在测度城市功能时，生产服务功能成为了必不可少的一部分。本文从第三产业发展、科技研发、生产性服务业就业这几个角度来设定具体的评价指标。在数据的可获得性的基础上，第三产业发展用第三产业占 GRP 的比重、人均限额以上批发零售贸易业商品销售总额、第三产业从业人员比重这三个指标来描述；科技研发用人均科学技术支出来描述；生产性服务业就业用万人交通运输、仓储和邮政业从业人员数、万人信息运输、计算机服务和软件业从业人员数、万人金融业从业人员数、万人租赁和商业服务业从业人员数、万人科学研究、技术服务和地质勘查业从业人员数这五个指标来描述。生产性服务业就业对缓解当前的就业压力有重大的现实意义，许多西方发达国家已通过生产性服务业的发展极大地促进了就业，因而选择上述五个反映生产性服务业就业的指标。下面就几个指标做简要的说明。

（1）人均限额以上批发零售贸易业商品销售总额。限额以上批发和零售业统计单位表示年主营业务收入 2000 万元及以上的批发业和年主营业务收入在 500 万元及以上的零售业。商品销售额是当前单位之外的单位和个人出售的商品金额。经济学原理五提出贸易使每个人的经济状况变好。故通过该指标的动态变化情况可以衡量城市居民人均经济状况的变动情况。

（2）人均科学技术支出。科学技术支出是指公共财政预算支出中的科学技术支出项目，包括科技条件与服务、技术研究与开发、科技交流与开发、科学技术管理事务、科学技术普及等。在《2025 科技展望》的分论坛中，全国政协常委、经济委员会副主任，工业和信息化部原部长李毅中在主题演讲中表示：发展新兴产业要注重生产性服务业配套服务支撑的功能，需要科技服务、咨询服务，以及各种创业中心、设计中心、孵化中心等。由此可见科学技术支出对生产性服务业提供了重要的配套服务支持。

4. 公共服务功能指标选择及其依据

公共服务包含增强城乡公共设施建设，发展教育、科技、文化、卫生、体育等公共事业，是民众参加社会经济、政治、文化活动的重要支撑。罗斯托的经济发展阶段理论表明：在城市发展的初始阶段，公共投资的重心是在供给道路、运输、供水电等必然需要的自然垄断性公共物料上；而当城市发展进入成熟期后，公共物品的投资重心是在教育、文化、医疗等优效性公共物品上。基于长江经济带城市整体的发展状况良好，本文将公共服务功能的着眼点很大一部分放在教育、文化、医疗卫生上。其中教育通过人均教育支出、万人拥有小学学校数、万人拥有普通中学学校数、万人拥有普通高等学校数、万人拥有小学专任教师数、万人拥有普通中学专任教师数、万人拥有普通高等学校专任教师数这七个具体的指标来描述；文化通过公共图书馆图书总藏量这个指标来描述；医疗卫生通过万人拥有医院、卫生院数、万人拥有医生数（执业医师 + 执业助理医师）这二个指标来描述。

此外，本文描述的公共服务功能还涵盖了生态、公共管理从业人员这两方面。其中生态用人均绿地面积、建成区绿化覆盖率这两项指标来描述；公共管理从业人员用万人水利、环境和公共设施管理业从业人员数、万人卫生、社会保障和社会福利业从业人员数、万人公共管理和社会组织从业人员数这三项指标来描述。王少剑、方创琳等（2105）指出如何实现城市化与生态环境的协调发展将变成世界经济社会发展的核心议题。生态环境问题在城市化进程中日渐突出，改进生态环境有利于推进城市的可持续发展。故本文在公共服务功能这部分用生态的视角加入了人均绿地面积、建成区绿化覆盖率这两个量。当然公共服务功能的实施离不开公共管理从业人员，公共管理从业人员为公共服务业的发展，对社会公众的生活都起到了非常重要的保障作用，因而从《中国城市统计年鉴》按行业分组从业人员的数据中找出上述相关指标，用于公共服务功能的测算。

5. 行政功能指标选择及其依据

行政功能是指国家行政机关依法管理国家社会生活诸领域的职能作用。行政功能对城市功能有重要的推进作用。本文行政功能主要通过人均公共财政支出、人均行政区域土地面积、是否直辖市、是否副省级及以上城市、特区、新区或国家综合改革试验区、领事馆数量这六项指标来描述。下面就几个指标做简要的说明。

(1) 人均公共财政支出。人均公共财政支出是指包括一般公共服务、国防、公共安全、教育、科学技术支出、文化体育与传媒、社会保障就业、医疗卫生、环境保护、交通运输等方面的人均支出。这个指标很大程度上可以反映政府的规模，进而体现行政等级的差异。

(2) 是否直辖市、是否副省级及以上城市。直辖市作为国家的最重要省级行政区，往往伴随着较多的居住人口，且在政治、经济和文化等方面都有重要的地位。副省级市是指中国行政架构为副省级建制的省辖市。这两项指标更为直观地反映出政府的规模，进而体现城市在政治、经济和文化等方面的地位。

(3) 特区、新区或国家综合改革试验区。特区、新区或国家综合改革试验区在政策上与一般城市存在差异，这个指标很大程度上能够体现城市的制度优势，驱动经济拓展，从而减少地区间的经济发展差异。

(4) 领事馆数量。领事馆是指一国驻在其他国家某个城市的领事代表机关的总称。领事馆数量这项指标在一定程度上体现了城市在国际中的地位，从侧面反映出城市的综合发展水平以及对外开放程度。

第二节 城市功能综合评价的模型介绍

在第一节建立的长江经济带城市功能综合评价体系的基础上，通过综合评价中的构权方法——熵值法，测算长江经济带城市功能的评价值。熵值法是指用来判断某个指标的离散程度的数学方法，是客观的赋权方法。熵值法首先计算了指标的信息熵，根据其相对变化程度对整体的影响来确定指标的权重，相对变化程度大的指标有较大的权重，该指标对综合评价的影响也就越大。熵值法现在遍及统计学等领域。本节具体介绍了运用熵值法计算长江经济带城市功能的步骤，具体如下。

一、原始数据的收集与整理

本节评价2008年到2016年长江经济带31个城市功能的变化状况，评价指标体系共包括47个指标，即可形成由31个样本，47个指标组成的评价系统的数据矩阵。在实际的数据收集过程中存在以下问题，同时提出了相应的改进措施：

2015年及2016年各市的铁路货运量和铁路客运量缺失，沿用2014年的数据；2015年年末武汉实有城市道路面积缺失，用插值法算得；2012年年末重庆实有公共汽（电）车运营车辆数缺失，用插值法算得；2008年南充的铁路货运量和铁路客运量缺失，用插值法算得；2015年重庆的卫生、社会保障和社会福利业从业人员数和公共管理和社会组织从业人员数缺失，用插值法算得；2008~2012年的公共财政指标用地方财政一般预算内支出来代替；2016年九江的民用航空客运量和民用航空货邮运量缺失，沿用2015年的数据。

二、数据的标准化处理

基于各项指标的量纲存在不同，所以为排出因量纲差别对评价结果的影响，需标准化处理各项指标。数据初始化处理的方法有很多，本节采用广义线性功效系数法中的极差变化法：

$$x_{ij}' = \frac{x_{ij} - x_{min}}{x_{max} - x_{min}} \quad （正指标） \tag{3.1}$$

$$x_{ij}' = \frac{x_{max} - x_{ij}}{x_{max} - x_{min}} \quad （逆指标） \tag{3.2}$$

式中，x_{ij}表示第i个参评对象第j项评价指标的数值（$i=1,2,\cdots,m$；$j=1,2,\cdots,n$）；x_{ij}'表示第i个参评对象第j项评价指标的标准化值；x_{max}表示第j项指标的最大值；x_{min}表示第j项指标的最小值。

在上述基础上，进一步求取第j项指标第i个参评对象的百分比，计算公式如下：

$$y_{ij} = \frac{x_{ij}'}{\sum_{i=1}^{m} x_{ij}'} \quad (0 \leq y_{ij} \leq 1) \tag{3.3}$$

式中，y_{ij}表示第j项指标第i个参评对象的比重；m表示参评对象的个数。

（3）计算指标信息熵值和信用效用值

计算第j项指标的信息熵值，计算公式如下：

$$e_j = -K \sum_{i=1}^{m} y_{ij} \ln y_{ij} \quad (3.4)$$

式中，e_j 表示第 j 项指标的信用熵值；K 表示为常数，与系统的参评对象的数量 m 有关，$K = \dfrac{1}{\ln m}$。

对于一个信息完全没有秩序的系统而言，有序度为零，其信用熵值达到最大，信用熵值为1。在指标信息熵值基础上，可进一步获得指标的信用效用值，计算公式如下：

$$d_j = 1 - e_j \quad (3.5)$$

式中，d_j 表示第 j 项指标的信用效用值。当信息完全无序时，即 $e_j = 1$，此时 e_j 的信息对综合评价的效用值为零。

（4）计算指标的权重

$$w_j = \dfrac{d_j}{\sum_{j=1}^{n} d_j} \quad (3.6)$$

式中，n 表示指标的个数；w_j 表示第 j 项指标的权重。

通过熵值法获得各指标的权重，其原理是借助该指标信息的价值系数来计算的，其系数值越高，对评价的重要性贡献越大（或指权重越大，对评价结果的贡献越大）。

（5）计算城市功能的评价值

$$U_i = \sum_{j=1}^{n} y_{ij} w_j \times 100 \quad (3.7)$$

U_i 越大，表示第 i 个参评对象的城市功能越强。

第三节　长江经济带城市功能测度的实证分析

本节首先从整体、区域、个体三个层面对城市功能测算结果进行了分析，探讨了长江经济带城市功能的空间特征，最后对长江经济带城市功能做了聚类分析，得到城市功能的聚类结果。

一、城市分类

选择长江经济带的31个城市作为研究对象，根据地理特征，划分为长江上游城市、长江中游城市、长江下游城市。湖北宜昌以上为上游；湖北宜昌—江西湖口为中游；江西湖口以下为下游。其中，长江上游城市有5个，长江中游城市有11个，长江下游城市为15个。具体划分见表3-2。

表3-2　　　　　　　　长江经济带城市按长江上中下游划分

分类	城市
长江上游	重庆、成都、南充、宜宾、宜昌
长江中游	武汉、襄阳、黄石、荆州、长沙、岳阳、株洲、湘潭、衡阳、南昌、九江
长江下游	上海、南京、无锡、常州、苏州、南通、扬州、杭州、嘉兴、湖州、合肥、芜湖、蚌埠、淮北、淮南

此外，还按城市的人口规模进行了分类。2014年国务院发布的《关于调整城市规模划分标准的通知》重新规定了城市规模的划分标准，新标准以城区常住人口为统计口径，城区常住人口在50万之下的为小城市，50万~100万人的为中等城市，100万~500万人的为大城市，500万~1000万人的为超大城市。本节的城区常住人口数据来自2015年中国城市建设统计年鉴。具体的划分结果见表3-3。

表3-3　　　　　　　　2015年长江经济带城市按人口规模分类

分类	城市人口规模	城市
超大城市	城市人口1000万以上	上海、重庆
特大城市	城市人口500万~1000万	南京、成都
大城市	城市人口100万~500万	无锡、常州、苏州、南通、杭州、合肥、芜湖、淮南、南昌、武汉、襄阳、长沙、株洲
中等城市	城市人口50万~100万	扬州、嘉兴、湖州、蚌埠、淮北、九江、黄石、宜昌、荆州、湘潭、衡阳、岳阳、南充、宜宾
小城市	城市人口50万以下	

资料来源：《中国城市建设统计年鉴》。

根据表 3-2 可见，超大城市为上海、重庆，且均为国家中心城市。特大城市为南京、成都，且为区域中心城市。大城市有 13 个，中等城市有 14 个。这表明长江经济带城市吸引大量人口，整体的城市人口规模可观。

二、长江经济带城市功能测算结果一般性分析

表 3-4 给出了 2008~2016 年长江经济带 31 个城市综合功能的测算结果分值。可以看出，上海作为国际化城市、国家中心城市以及长三角的增长极，城市功能值始终处于第一位，并遥遥领先其他城市。但从分值来看，上海的城市功能分值呈一定的下降趋势，2008 年为 36.08，2016 年下降到 27.15，这并非上海城市功能的恶化，其实是意味着其他城市功能水平有了相对提升。

作为区域中心城市的南京、杭州、重庆、成都、武汉 5 个城市的功能综合得分基本都超过 10，重庆与成都体现出西部增长极特征。其他城市来看，综合功能明显偏弱。长三角城市综合功能相对高于中西部城市。

表 3-4　　　　2008~2016 年长江经济城市综合功能测算结果

	2008 年	2009 年	2010 年	2011 年	2012 年	2013 年	2014 年	2015 年	2016 年
上海	36.08	36.80	34.96	35.17	36.03	34.01	34.52	31.85	27.15
南京	16.91	16.97	16.79	17.24	18.82	17.32	18.10	16.94	14.98
无锡	8.79	8.89	9.07	8.50	8.90	8.53	8.21	7.84	6.95
常州	6.49	6.32	6.45	6.54	6.86	6.57	6.43	6.56	5.82
苏州	9.58	9.74	9.64	9.39	10.43	11.63	11.77	11.41	10.32
南通	2.24	2.56	2.57	2.41	2.83	4.04	4.22	4.59	4.26
扬州	3.02	3.36	3.04	2.85	3.04	4.22	4.07	4.24	3.95
杭州	17.71	17.95	18.07	20.41	19.47	15.73	15.16	15.96	14.65
嘉兴	7.01	7.06	6.94	6.58	6.86	5.90	5.91	5.93	5.46
湖州	5.43	5.49	5.32	5.83	5.96	5.13	5.07	5.07	4.87
重庆	10.79	10.87	10.25	10.22	13.30	11.50	10.71	11.06	8.35
成都	14.40	15.22	14.89	13.46	14.32	16.73	12.39	14.06	12.40
南充	1.00	1.05	1.06	0.98	1.25	1.27	0.87	1.11	0.92
宜宾	2.06	2.27	2.07	2.00	2.25	1.41	1.09	1.34	1.13
合肥	7.04	7.84	8.10	6.76	7.61	7.41	6.88	6.84	7.09

续表

	2008年	2009年	2010年	2011年	2012年	2013年	2014年	2015年	2016年
芜湖	5.19	5.95	5.98	3.89	4.50	4.08	3.91	3.42	3.29
蚌埠	2.04	2.30	2.26	2.48	2.79	2.57	2.55	2.42	2.18
淮南	5.48	6.20	6.00	6.28	6.20	6.15	5.62	5.86	2.94
淮北	4.35	4.28	4.41	4.70	5.04	4.97	4.96	4.64	3.97
南昌	7.43	7.24	6.90	7.20	8.01	7.39	7.25	7.54	7.18
九江	3.50	3.95	3.97	4.00	4.31	3.61	3.46	3.49	3.44
武汉	15.69	15.87	14.97	14.90	16.97	14.10	13.95	14.44	12.85
黄石	3.88	4.19	4.25	3.24	4.41	2.92	2.61	2.79	3.47
宜昌	4.82	5.89	5.67	5.54	6.81	5.95	5.53	6.08	5.90
襄阳	2.67	3.24	2.59	3.06	3.04	2.99	3.19	3.54	3.43
荆州	0.28	0.38	0.46	0.67	0.43	0.26	0.23	0.24	0.26
长沙	9.13	10.09	10.02	9.23	9.92	8.64	8.29	8.23	7.01
株洲	3.76	3.95	3.97	4.55	4.36	3.64	3.75	3.72	3.88
湘潭	4.22	3.55	3.64	3.48	3.91	3.52	4.14	4.02	4.34
衡阳	2.11	2.44	2.13	2.05	2.00	1.74	1.79	1.67	1.40
岳阳	3.17	3.64	3.53	3.19	3.23	2.97	2.73	2.53	2.27

资料来源：课题组测算。

表3-5是2008~2016年长江经济带城市制造功能的测算结果。可以看出，上海的制造功能并不强，从2008年到2016年，上海的制造功能分值从6.09下降到5.71。2016年，上海周边城市的制造功能基本上都高于上海。除了上海，整个长三角城市的制造功能都呈上升趋势。其中，苏州、南通、扬州等城市增长态势明显。说明上海作为国家中心城市，在向国际化都市发展过程中，对产业发展有新的定位，中低端制造业外迁有显著成效。

长江经济带中游、上游大部分城市制造功能提升并不显著。区域中心城市中，南昌制造功能提升最为显著，从3.94上升到7.34，合肥从2.56上升到8.84。其他中心城市的制造功能提升并不明显，相反，其周边城市的制造功能有较明显提升。比如成都与重庆的制造功能提升总体不显著，但南充的制造功能从0.87上升到2.32。武汉周边城市，如襄阳、荆州的制造功能均有较显著的提升。总体看，大部分长江中游、上游城市制造功能依然显著低于长三角城市，还有较大提升空间。

表 3-5　　　　2008~2016 年长江经济带城市制造功能测算结果

	2008年	2009年	2010年	2011年	2012年	2013年	2014年	2015年	2016年
上海	6.09	5.60	5.30	4.59	6.54	5.71	14.01	5.91	5.71
南京	4.12	4.52	4.49	3.41	4.78	6.25	11.40	6.53	6.44
无锡	6.47	6.74	6.87	4.68	6.08	7.97	9.73	8.47	7.99
常州	4.44	4.63	4.29	3.67	4.25	6.20	7.95	6.86	6.99
苏州	8.57	8.62	8.17	5.47	6.94	11.36	15.30	12.90	12.60
南通	3.27	3.56	3.27	2.32	3.05	7.77	10.53	10.16	10.20
扬州	3.42	3.77	3.58	2.38	2.97	7.10	9.26	8.67	8.80
杭州	7.67	8.30	8.05	9.24	7.72	7.40	8.96	8.10	7.99
嘉兴	7.74	7.60	7.32	4.88	6.28	6.88	8.80	7.99	8.31
湖州	4.88	5.04	4.96	4.99	5.52	5.78	7.50	7.01	7.29
重庆	2.47	2.69	2.60	2.13	4.09	3.87	4.60	4.94	3.79
成都	4.12	4.17	3.88	2.85	3.83	6.06	4.52	5.53	4.80
南充	0.87	0.99	0.73	0.58	1.06	1.75	2.12	2.46	2.32
宜宾	2.86	2.85	2.89	2.23	3.17	2.76	2.83	3.10	3.24
合肥	2.56	3.66	3.89	2.88	4.38	6.60	8.06	7.42	8.84
芜湖	4.53	4.56	4.69	2.77	3.67	4.12	5.34	4.37	4.92
蚌埠	0.72	0.93	1.14	1.28	1.97	1.75	2.63	2.18	2.57
淮南	5.02	5.32	5.29	3.74	4.52	6.50	7.43	6.67	4.40
淮北	3.08	3.46	3.33	2.58	3.40	4.35	5.14	3.71	3.44
南昌	3.94	4.56	4.17	4.03	5.30	6.35	7.96	8.03	7.34
九江	2.56	2.65	2.76	2.38	3.15	2.73	4.19	3.69	3.29
武汉	5.97	5.55	4.88	3.78	6.50	4.78	5.97	5.75	6.07
黄石	4.02	4.15	4.91	2.82	6.03	3.97	5.15	4.31	4.70
宜昌	5.05	6.30	6.18	4.18	3.75	6.08	7.13	7.04	7.54
襄阳	1.71	1.93	2.39	2.69	3.26	4.07	5.96	4.54	5.18
荆州	0.49	0.78	1.04	1.07	0.85	0.91	1.47	1.36	1.84
长沙	3.64	3.98	4.06	2.21	3.46	3.38	4.87	4.47	4.47
株洲	3.01	3.29	3.32	2.38	3.45	3.39	4.55	4.02	4.38
湘潭	3.74	3.46	3.76	2.75	3.82	4.06	4.19	3.54	4.26
衡阳	1.70	1.84	1.77	1.36	1.66	1.39	1.77	1.76	1.99
岳阳	2.14	2.40	2.82	1.82	2.21	2.11	3.07	2.52	2.76

资料来源：课题组测算。

表3-6给出了长江经济带城市历年生产性服务功能测算结果。可以看出，生产性服务功能的城市差距远高于制造功能。尽管上海的生产服务功能也有所下降，从2008年的19.72逐渐下降到2016年的14.88，但上海的生产性服务功能仍占据较强优势地位。

成都的生产性服务功能也提升显著，从2008年的5.11上升到2016年的8.09。重庆的生产性服务功能并不显著。除此以外，南京、杭州、苏州、武汉的生产性服务功能处于第二梯队，分值在4.0以上，主要集中在长三角地区，这与该地区制造业相对发达，对生产性服务需求相对较大不无关系。而合肥、南昌、长沙等省省会城市的生产性服务功能仍显得很薄弱，说明随着制造功能发展，生产性服务功能还有较大提升空间。而其他长江经济带的中游、上游地区城市的生产性服务功能则比较弱，大部分小于2。

表3-6　　2008~2016年长江经济带城市生产性服务功能测算结果

	2008年	2009年	2010年	2011年	2012年	2013年	2014年	2015年	2016年
上海	19.72	21.75	19.64	16.75	16.72	15.71	15.64	15.23	14.88
南京	7.98	8.53	8.84	8.01	9.11	7.37	8.43	7.75	8.51
无锡	4.81	5.17	5.83	4.40	4.58	4.08	3.72	3.50	3.17
常州	4.08	3.85	3.91	3.48	3.92	3.26	3.07	2.94	2.91
苏州	4.57	5.11	5.63	4.85	5.24	5.49	5.18	4.84	4.13
南通	2.02	2.01	2.04	1.88	2.05	1.72	1.82	1.70	1.70
扬州	2.14	2.24	2.03	1.96	2.12	1.91	1.93	1.68	1.63
杭州	13.48	13.84	14.26	13.10	13.87	7.92	7.92	8.04	8.69
嘉兴	3.83	4.11	4.05	3.81	4.00	2.56	2.62	2.48	2.55
湖州	2.95	2.65	2.52	2.33	2.94	2.37	2.49	2.17	2.28
重庆	2.82	2.58	2.36	2.01	4.66	2.82	2.95	2.90	2.05
成都	5.11	5.23	4.41	4.15	4.40	6.50	4.57	6.44	8.09
南充	1.01	1.07	1.36	1.34	1.26	0.65	0.73	0.72	0.77
宜宾	0.88	1.04	0.88	0.62	0.54	0.58	0.61	0.55	0.57
合肥	5.23	5.63	5.77	3.94	4.08	2.79	2.79	2.89	3.68
芜湖	2.72	3.16	3.22	2.09	2.44	1.82	2.07	2.06	2.27
蚌埠	2.68	2.47	2.06	1.75	1.75	1.37	1.28	1.31	1.42
淮南	1.98	1.94	2.15	2.33	1.71	1.27	1.24	1.30	0.96

续表

	2008 年	2009 年	2010 年	2011 年	2012 年	2013 年	2014 年	2015 年	2016 年
淮北	1.88	0.31	0.37	0.55	0.47	0.53	0.60	0.60	0.60
南昌	4.43	4.49	4.36	3.46	3.90	2.96	2.64	2.35	2.47
九江	1.82	1.79	1.72	1.32	1.26	1.17	1.10	1.04	1.02
武汉	7.51	8.05	7.47	6.61	6.75	4.33	4.56	4.73	4.98
黄石	1.68	1.67	1.38	1.09	0.93	0.79	0.90	0.89	0.93
宜昌	2.24	2.68	2.72	2.57	4.44	2.23	2.29	2.45	2.46
襄阳	1.82	1.74	1.41	1.24	1.40	1.00	1.24	1.45	1.38
荆州	1.27	1.04	0.92	1.11	1.19	0.78	0.77	0.72	0.79
长沙	5.04	5.73	5.84	5.30	5.61	3.63	3.58	3.32	3.39
株洲	1.88	2.14	1.99	2.82	1.68	1.17	1.21	1.24	1.19
湘潭	1.80	1.67	1.31	1.44	1.30	0.99	3.04	2.79	2.58
衡阳	1.69	1.46	1.44	1.20	1.27	0.97	1.03	0.86	0.93
岳阳	1.39	1.50	1.47	1.32	1.53	1.20	1.18	1.20	1.27

资料来源：课题组测算。

三、长江经济带城市功能空间特征分析

根据第一节的实证结果，可得 2008～2016 年长江经济带 31 个城市分功能与综合功能的评价值。下面在归纳整理的基础上，从整体、区域、个体三方面出发，观察长江经济带城市功能的发展状况与空间规律特征。

（一）整体分析

首先通过观察长江经济带城市分功能及综合功能的演化情况，从整体的角度分析长江经济带城市功能的发展状况，并探寻其空间规律特征。长江经济带城市分功能及综合功能的变化图，见图 3-1。

根据图 3-1 可知，上海、南京、杭州、重庆、成都、武汉、长沙这些中心城市或省会城市的分功能与综合功能普遍优于其他城市；长江经济带 31 个城市的交通功能、生产服务功能、行政功能、综合功能的得分稳定，其中行政功能的得分变化情况最小，2008～2016 年各城市的行政功能得分

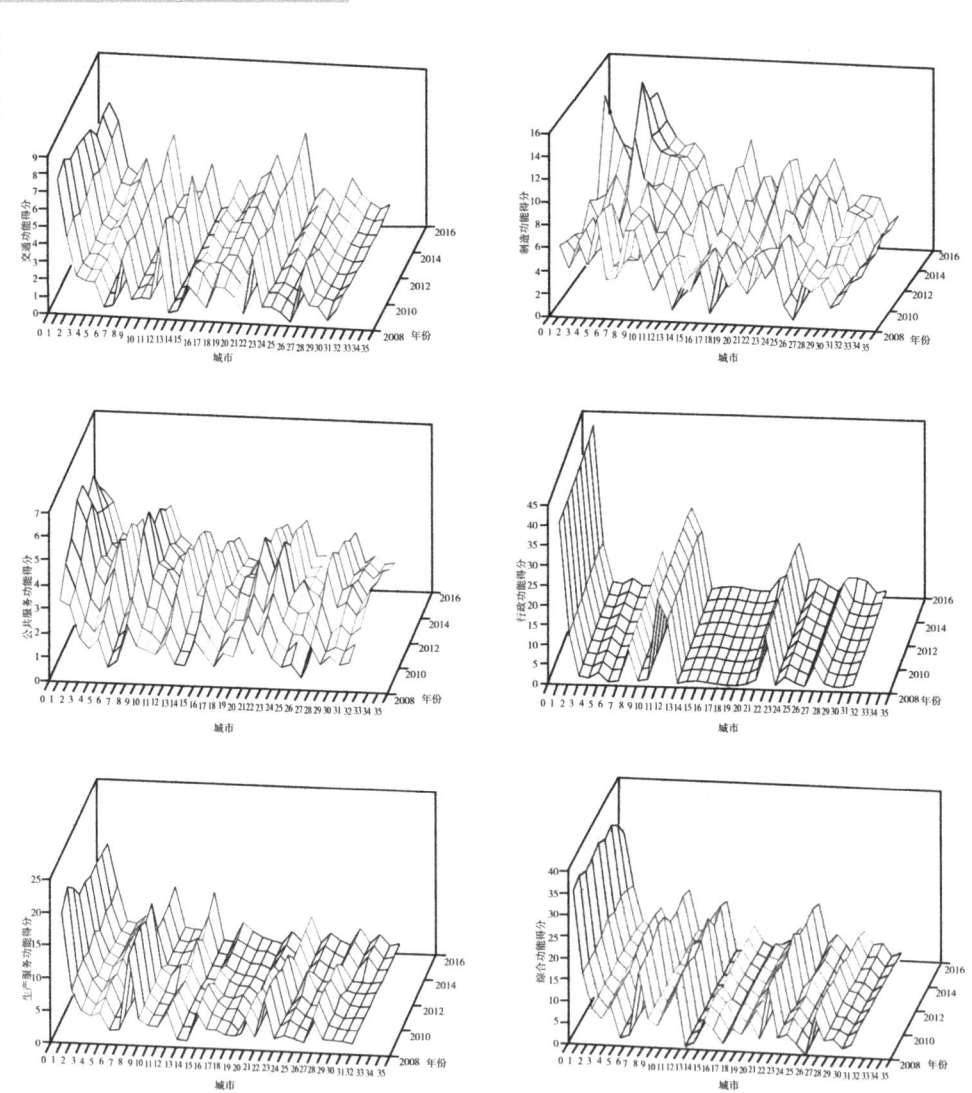

图 3-1 长江经济带城市分功能与综合功能的变化图

资料来源:《中国城市统计年鉴》及本书测算整理。序号 1-31 分别代表:上海、南京、无锡、常州、苏州、南通、扬州、杭州、嘉兴、湖州、重庆、成都、南充、宜宾、合肥、芜湖、蚌埠、淮南、淮北、南昌、九江、武汉、黄石、宜昌、襄阳、荆州、长沙、株洲、湘潭、衡阳、岳阳。

几乎保持不变;上述 31 个城市间的行政功能得分差距最为明显,其次是生产服务功能、交通功能。上述分功能的差距导致各城市间的综合功能差距明显。可见长江经济带城市行政功能存在最突出的中心化特征,其次是生产服务功能及交通功能。长江经济带城市的综合功能同样存在明显的中心化特征；此外，长江经济带大部分城市的制造功能得分随时间波动明显，且各城市的制造功能差距相比其他分功能明显缩小。同理，公共服务功能也存在类似的情况，可见长江经济带城市的制造功能及公共服务功能存在明显的去中心化特征。

中心化特征的产生，有以下几方面的成因：(1) 核心—边缘理论的影响。由核心—边缘理论可知，核心地区对边缘地区具有抑制作用，使得边缘地区在政治、经济、文化上比核心地区发展差。长江经济带中核心城市的行政功能、生产服务功能、交通功能的发展状况优胜其他城市；核心城市最终呈现的城市综合功能同样明显优于其他城市。(2) 行政壁垒的存在。由区域规划理论可知行政区划分导致各自为政，资源过度向高政治等级的城市倾斜，最终形成恶性竞争，激化中心化问题，因而长江经济带城市行政功能的差距最为明显。(3) 政策的不平等。我国还未从根本上改变户籍、就业等城乡不平等的政策，中心城市、省会城市获得了更多政策上的保障。故长江经济带中心城市、省会城市在大部分分功能上具有明显的优势，最后呈现的城市综合功能得分高于其他城市。

去中心化特征的产生，主要原因有以下几点：(1) 增长极理论的影响。增长极理论认为增长极通过联动机制将生产要素向周围扩散，从而减少地区间的经济发展差别。长江经济带交通便利、资源充足、产业发达、人力资源丰富、市场广阔，各城市间的联系紧密，这将缩小长江经济带核心城市与一般城市的城市功能差距，其中制造功能、公共服务功能的差距缩小程度最明显。(2) 战略的支撑。长江经济带战略是我国新一轮改革开放转型实施新区域开放发展战略，是东中西互助的协调发展带、是生态文明建设的先行示范带。长江经济带战略的支撑作用缩小了制造功能及公共服务功能的差距。

(二) 分区分析

对长江经济31个城市分功能与综合功能的发展状况有了初步认知后，本节从长江上中下游不同区域的角度对城市功能评价值进行了算数平均处理，获得了长江经济带上中下游城市功能的对比图，如图3-2所示。

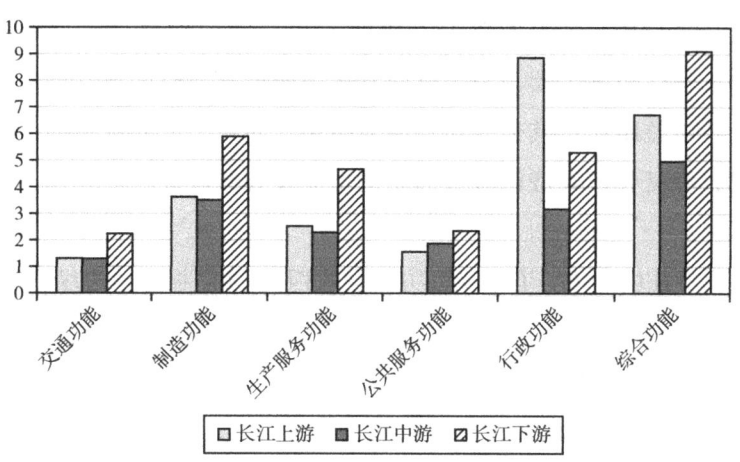

图 3-2　长江经济带上中下游城市功能的对比图

资料来源：《中国城市统计年鉴》及本书测算整理。

根据图 3-2 可知，长江经济带上下游各项分功能的得分均优于长江中游，且长江中游各分功能的得分较为接近。其中，长江上中下游行政功能的得分差距最为明显，交通功能、公共服务功能的差距相对较小。除行政功能外，长江下游的其余分功能与综合功能得分均优于长江上游。综上所述，长江经济带城市功能具有区域的非均衡性。

城市功能的非均衡性有下列几个层面的成因：（1）增长极理论的影响。由增长极理论可知，极化效应拉大发达地区与不发达地区的差距，而扩散效应缩小两者的差距。行政功能上的极化效应大于制造功能上的极化效应，因而长江经济带上中下游行政功能的平均发展状况的差距大于制造功能。（2）比较优势理论的影响。长江下游的协同创新度高，具有人力及产业资源优势，故而城市功能的发展势头良好；长江上游水能资源丰富，协同创新度不断提升，同时又是西部大开发的重要区域；长江中游基础配套设施欠缺，运输系统不完善，协同创新度不高。因而长江经济带城市功能存在区域上的差异。（3）政策落实尚不完善。党的十八大以来，国家在实施"一带一路"倡议的同时展开长江经济带发展战略。2014 年 3 月，在国务院的政府工作报告里提到推进长江经济带建设。长江经济带发展战略的核心旨在创新协同。由实证结果可以指导，长江经济带整体的协同创新度不够，城市功能在区域上仍呈现出非均衡性。

(三) 个体分析

对长江经济带城市功能的整体以及分区域分析后，下面从个体的角度分析了长江经济带城市功能的平均发展状况，包括长江经济带大中小城市分功能的比较分析，上海与其周围城市的综合功能比较分析。长江经济带大中小城市分功能的得分均值的对比情况详见图3-3。

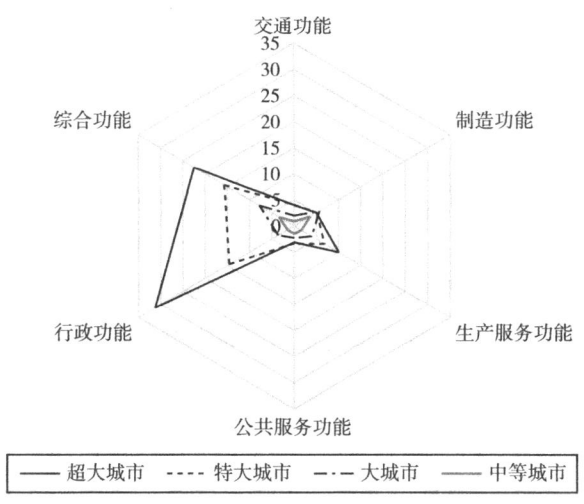

图3-3 长江经济带大中小城市分功能的对比图

资料来源：《中国城市统计年鉴》及本书测算整理。

根据图3-3，超大城市的城市功能的发展状况最好，其次是特大城市，中等城市发展最差。其中，长江经济带大中小城市的行政功能得分差距最大，在交通功能及生产服务功能上的得分差距也较为明显，而在制造功能上的得分差距相对是最小的。相对而言，中小城市功能的平均发展状况较差，且在城市的制造功能上体现了去中心化特征，主要有以下几方面的原因：(1) 增长理论的影响。中心城市向周围城市输出各种生产要素，推动周围城市的协同发展。同时由于流动空间的存在，人流、物流、技术流等从中心城市流入周围城市，从而提升周围城市的功能。(2) 产业转移的影响。由产业转移理论可知，在产业的空间分布上呈现出产业由发达地区向发展中地区转移，从而提升地区间经济的发展关系。2016年公布的《长江经济带发展规划纲要》中提出要发挥上海、武汉、重庆的核心作用,引导产业由东向西转移,上中下游要形成优势互补、协同合作的格局。产业转移带来的成效表现在长江经济带城市的制造功能整体发展良好。(3)政策实施尚未完全。党的十六大(2002年)提到要逐步提升城市化水平,不同等级的城市及小城镇要保持协调发展,走中国特色的城镇化道路。然而人口要素并未因此停止涌向大城市,甚至表现出更迅猛的增长态势,且不同区域政府间的协同合作度不够,大中小城市和小城镇协调发展的方针未取得显著的成效。(4)行政区经济的影响。行政区经济是以行政区为单元的独立的经济体。以行政干预经济追求个体利益最大化,拉大了大中小城市间的差距,将行政区经济转化为城市群经济,将有效推进长江经济带整体利益的最大化。

上海是长江经济带的核心城市,其在城市分功能与综合功能上均具有明显的优势,下面选取了位于上海周围的7个城市——杭州、湖州、嘉兴、苏州、无锡、常州、南通,通过与上海的城市功能得分比较,分析上海对周围城市功能的影响。上海与周围城市分功能与综合功能的比重见图3-4。

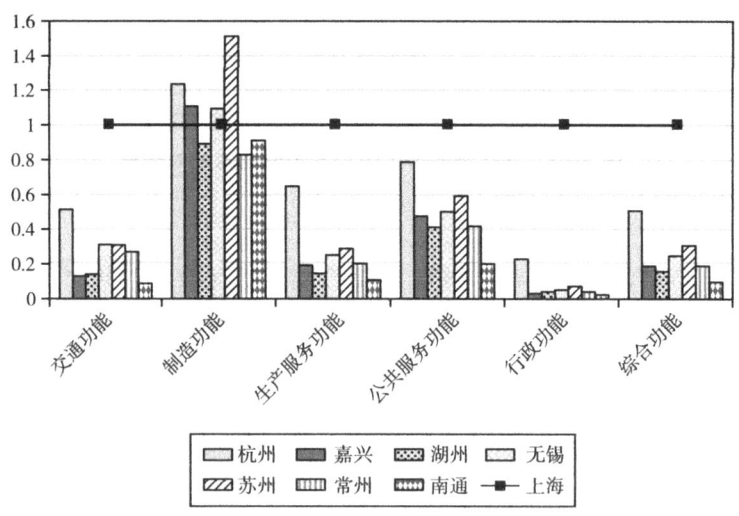

图3-4 上海与其周围城市分功能及综合功能的比重图

资料来源:《中国城市统计年鉴》及本书测算整理。

根据图3-4,周围城市与上海的制造功能比重最大,其次是公共服务功能,而行政功能比重最小。上海周围城市的制造功能相比其他功能,与上海的差距最小，甚至出现个别城市的制造功能超越上海的现象，如杭州、嘉兴、无锡、苏州的制造功能均优于上海；上海周围城市的行政功能相比其他功能，与上海的差距最大。此外，杭州作为省会城市，对其周围地区具有极化效应，其城市功能平均发展状况较好，杭州的分功能与综合功能与上海的差距相对最小，但仍有一定的差距，两者在行政功能上的差距最大；嘉兴与上海的距离最近，但嘉兴的各项功能的发展状况在这7个城市中并不占优势，由增长极理论可知，上海对嘉兴的极化效应相对较大。综上所述，上海对周围城市制造功能的发展起到了重要的推动作用，上海周围城市的制造功能存在明显的去中心化特征，公共服务功能存在较为明显的去中心化特征；行政功能存在明显的中心化特征。行政功能对城市功能的权重最大，上海及其周围城市在行政功能上的差距将明显拉大两者在综合功能上的差距。

四、长江经济带城市功能测度结果的聚类分析

本节基于本章第一节长江经济带城市综合功能的测度结果，运用K均值聚类方法，按相似度对长江经济带31个城市进行分类，联系紧密的样本聚集于小的分类单位，关系疏远的样本归在一个大的单位中。本节对长江经济带城市综合功能进行的聚类结果，具体的聚类结果见表3-7。

表3-7　　　　　　　　长江经济带城市功能的聚类结果

分类	城市
第Ⅰ类	上海、南京、苏州、杭州、重庆、成都、武汉、长沙
第Ⅱ类	无锡、常州、南通、扬州、嘉兴、湖州、南充、宜宾、合肥、芜湖、蚌埠、淮南、淮北、南昌、九江、黄石、宜昌、襄阳、荆州、株洲、湘潭、衡阳、岳阳

资料来源：《中国城市统计年鉴》及本文测算整理。

根据表3-7可知，基于长江经济带城市综合功能的评价值，可将长江经济带分为两类，如上表所示。第Ⅰ类有8个城市，这8个城市几乎都为中心城市或省会城市，由本章的第二节可知，这类城市的综合功能领先于其他城市；第Ⅱ类有23个城市，这类城市主要以中心城市或省会城市周围的城市为主，其城市功能的发展状况较差。由聚类结果分析可知：（1）个别城市领先、多

数城市集中。上海、南京、苏州、杭州、重庆、成都、武汉、长沙这8个城市综合功能发展领先的城市归于一类，长江经济带的其余多数城市归于一类，这类城市的综合功能发展落后于第Ⅰ类。长江经济带城市综合功能的发展现状出现个别城市领先，多数城市集中的特征。（2）同级别城市功能相似性。上海、南京、苏州、杭州、重庆、成都、武汉、长沙几乎均为中心城市或省会城市，城市级别相同或相近，这类同级别的城市被归为了一类。故而同级别的城市在城市综合功能上具有相似性。

第四节

小结

本章采用客观赋权的熵值法对长江经济带城市功能进行了综合评价，将交通功能、制造功能、生产服务功能、公共服务功能、行政功能作为子目标层，每个子目标层设定了相应指标层变量。从整体、区域、个体三个层面对城市功能测算结果进行了分析，探讨了长江经济带城市功能的空间特征。

结果分析表明，上海作为国际化城市、国家中心城市以及长三角的增长极，城市功能值始终处于第一位，并遥遥领先其他城市。作为区域中心城市的南京、杭州、重庆、成都、武汉5个城市的功能表现较好，重庆与成都体现出西部增长极特征。其他城市来看，综合功能明显偏弱。长三角城市综合功能相对高于中西部城市。

2008~2016年，除了上海，整个长三角城市的制造功能都呈上升趋势。其中，苏州、南通、扬州等城市增长态势明显。长江经济带中游、上游大部分城市制造功能提升并不显著。中心城市的制造功能提升并不明显，而周边城市的制造功能有较明显提升。

生产性服务功能的城市差距远高于制造功能，上海的生产性服务功能仍占据较强优势地位。南京、杭州、苏州、武汉的生产性服务功能处于第二梯队，主要集中在长三角地区，与该地区发达制造业带来的生产性服务需求有关。合肥、南昌、长沙等省会城市的生产性服务功能仍显得很薄弱，还有较大提升空间。

从空间上，长江经济带城市的制造功能及公共服务功能存在明显的去中心化特征。长江经济带上下游各项分功能的得分均优于长江中游，且长江中游各分功能的得分较为接近。其中，长江上中下游行政功能的得分差距最为明显，交通功能、公共服务功能的差距相对较小。除行政功能外，长江下游的其余分功能与综合功能得分均优于长江上游。

从城市等级来看，超大城市的城市功能的发展状况最好，其次是特大城市，中等城市发展最弱。

第四章

城市的空间结构及其变化

——以长江经济带典型城市为例

第一节

理论基础与文献回顾

城市化发展带来的城市空间结构及其形态演化是一个重要的关注热点。传统的城市地理学、城市经济学等理论从杜能的"农业区位论"得到启发,运用城市地租理论分析并解释城市空间结构的形成及其变化,提出了著名的"同心圆"模型等。Allonso (1964) 构建了著名的单中心城市空间模型,假定一个就业集中于中央商务区的城市,讨论同质的工人、消费者、住宅条件下,居民的居住均衡取决于通勤成本与住房价格的权衡,认为城市土地价格呈现由中心向郊区递减的趋势[1]。Mills (1967)、Muth (1969) 运用一般均衡思维探讨了都市区居民居住的空间一般均衡特征,他们发现同质的消费者(居民)在效用最大化的目标下的居住区位选择导致各城市所有居民均获得相同的最大效用的空间一般均衡[2][3]。他们的研究认为,在同质居民假设条件下,一个城市更高的房价仅仅是反映了某些比较高质量的居住环境或相对高的收入而已,或者反之,不同城市收入的差异并不表明幸福程度的差异,因为居住区位的空间竞争会导致居住地更高的房价抵消这种高收入以及所在城市宜居等好的外部因素。Mills 和 Muth 的研究主要关注的是城市间住房价格差异,如 Muth (1969) 的研究发现农地价格、人口密度、城市化比率、建筑成本、家庭收入水平和工作机会是导致土地价格城市间差异的主要因素。后者的基本逻辑与阿隆索其实是一致的,他们认为不同城市房价及衍生地价的差异源自不同城市收入与居住成本之间的权衡,即不同城市地价差异可能来自一些城市的高舒适度等因素。因此他们关于城市空间研究被称为 Allonso—Mills—Muth 模型,简称 AMM 模型,为城市经济提供了一个基于新古典范式的基本研究框架,成为城市经济问题尤其是空间结构问题的研究的重要基础。

传统基于地租价格思想的单中心城市空间结构理论对现实城市地价或居住的空间结构有一定的解释力。但随着欧美国家城市普遍呈现出城市郊区化与城市蔓延趋势,多中心趋势逐渐形成,相应的城市经济理论也不断拓展。美国大量学者注意到,城市无论从就业、居住还是地价来说,其空间结构都不再是单中心,而是呈现多中心格局,或者涌现出多个次中心,并呈向外蔓延趋势(Giuliano and Small,1991;McMillen and McDonald,1998;Griffith,1981;Gordon,Richardson and Wong,1986;Small and Song,1994)[4]~[8]。区域科学创始人之一的藤田昌久等(1982)构建了一个基于新经济地理理论的多中心城市土地利用模型,揭示了城市中心数目大致随着城市人口规模和通勤成本的增加而增加[9]。Anas 等(1996)利用消费者效益模型研究发现,在没有规模经济限制的情况下,经济活动会呈单中心蔓延式扩散,而如果考虑规模经济,城市生产活动则会分散到不同地区再集聚从而形成多中心结构[10]。

近二十年来,随着国内城市化快速发展,城市空间结构也经历了一个快速演变的过程,大量学者通过进行定量测度,结合参数模型对一些大城市空间结构进行分析。相关研究大多先基于单中心模型的假设进行拟合回归,然后再演化到对多中心模型的拟合回归。研究结果显示中国的超大城市均不同程度地呈现从单中心结构向多中心结构演变的特征和趋势。

国内大量学者从居住或就业角度进行了实证方面研究。冯建、周一星(2003)利用第三次人口普查和第五次人口普查分街道数据,对北京市的居住空间进行划分,并从宏观、中观、微观三个层次对北京市的居住空间进行了解释[11];李志刚、吴缚龙(2006)采用第五次人口普查数据,对转型期的上海市空间重构与分异进行了研究,发现上海市存在严重的住房分异,原因在于计划经济的历史影响以及企事业单位对住房的分配[12]。蒋丽、吴缚龙(2014)基于广州市第五次和第六次人口普查中的外来人口数据,运用空间分析法研究了广州 2000~2010 年外来人口的空间分布，发现广州外来人口空间分布呈现续缓慢增长并向四周扩散态势，并成为广州次中心和多中心城市空间结构的主要动力[13]。秦波、焦永利（2010）结合特征价格模型和 Moran I 指数，对随机抽样的北京 2001 年、2003 年和 2005 年住宅价格进行定量分析，发现 2001~2005 年，基于天安门、CBD、中关村和奥林匹克中心的城市多中心趋势显著[14]。Li 等（2010）利用第五次人口普查分街道数据，对广州居住空间的社会转型进行了研究，认为广州的住房空间转型主要受户籍制度和土地产权制度的影响[15]；周春山、罗仁泽、代丹丹（2015）利用第五次和第六次人口普查数据，探讨了广州市居住空间结构的演变机制，认为存在四种演变模式：中心区稳定发展模式、近郊区商品房拓展模式、远郊区糅合发展模式和特定区保障房镶嵌模式[16]。

另外一些则从就业空间进行的研究。郭洁、吕永强、沈体雁（2015）基于北京市区的 POI 数据，应用点模式分析法识别城市主次中心，发现北京市生产性服务业在主中心内集聚，主中心对金融及商务服务行业具有较强吸引力，而郊区次中心产业分布相对分散[17]。宋代军、杨贵庆（2015）运用普查数据分析了上海青浦城区的就业空间分布[18]。

不少研究则以地价为主要观测变量，探讨城市空间结构及其变化。秦泗刚、段汉明（2016）以西安市 2000 年以来 960 个市场交易案例为样点资料，通过合理的空间插值分析西安市地价空间格局及地价空间剖面的强度变化[19]。乐晓辉、陈君娴、杨家文（2016）基于地价和开发强度两个要素探讨了轨道交通影响下的深圳市空间结构动态演变过程[20]。常疆、廖秋芳、王良健（2011）对长沙市区地价空间分布特征及其影响因素进行了研究，发现土地用途不同，地价的空间分布也不同[21]；李玲、朱道林、胡克林（2011）对北京市城区住宅地价的时空变化规律进行了研究，发现北京市住宅地价空间变异性明显[22]。

一些研究则从微观层面，选取点数据分析了城市房地产价格的影响因素。汤庆园、徐伟、艾福利（2012）利用上海市外环以内 1000 多个小区的平均房价数据，通过构建地理加权回归模型研究发现各影响因子对房价的影响大小依次为：建成时间、到 CBD 距离、绿化率、到公园距离、距地铁站距离、距超市距离和距学校距离[23]。王振山等（2016）利用特征价格模型进行研究，发现城市绿地对住宅地价有显著影响[24]。Gao 和 Asami（2007）分析日本两个城市，发现城市的绿色宜居等景观特征会影响地价[25]。朱传广、唐焱、吴群（2014）基于城市土地二级市场的监测点地价数据，构建了城市住宅地价及其影响因素的特征价格模型，分析城市住宅地价影响因素的作用规律[26]。王振山、张绍良、张英、张锦辉（2016）利用特征价格模型进行研究，发现城市绿地对住宅地价有显著影响[27]。任辉、吴群（2013）研究认为，城市管理者可以从教育资源配置、交通基础设施建设、环境改造等方面来改变土地综合区位，优化城市空间结构，从而提升城市土地整体价值，实现城市土地合理高效利用[28]。

上述研究均应用某个层面数据对城市结构进行了关注，研究成果非常丰富。本章将以长江经济带三个中心城市为研究对象，以各城市监测点地价为样本数据，通过空间分析研究城市空间结构特征及其变化规律，在此基础上，结合各城市发展规划等政策维度举措，深入探讨各城市住宅地价、商服地价的空间结构演化的驱动力量，进而为各城市空间结构优化或预测提供充分的研究基础。

分析主要基于南京、武汉、重庆三个城市的地价监测样本点进行。南京共有 6 个市辖区的 142 个监测点，其中 14 个监测点地址信息不全没有进行分析，分析的监测点共有 128 个，包括鼓楼区 34 个、玄武区 24 个、秦淮区 44 个、建邺区 8 个、雨花台区 9 个和栖霞区 9 个。重庆市共有 9 个辖区 370 个监测点，部分监测点地址信息不充分，分析的监测点总数为 236 个。其中，渝中区 35 个、南岸区 34 个、九龙坡区 38 个、沙坪坝区 28 个、渝北区 23 个、江北区 22 个、北碚区 29 个、巴南区 18 个和大渡口区 9 个。武汉市共有 7 个辖区 263 个监测点，剔除部分地址信息比较模糊的监测点，分析的监测点数量为 122 个，武昌区 25 个、汉阳区 23 个、洪山区 18 个、江汉区 18 个、江岸区 17 个、硚口区 14 个和青山区 9 个。鉴于监测点主要来自各城市主城区，因此地价空间结构及演化分析主要针对主城区。由于工业地价本身变化相对较小，主要研究住宅地价与商服地价，为节省篇幅，主要对住宅与商服用地的楼面价进行分析。但在回归分析中，作为比较，我们会分别以楼面价和地面价为被解释变量进行回归分析。

第二节

长江经济带典型城市住宅地价空间结构演化特征分析

一、南京住宅地价重心及其空间相关性

从图4-1看出,南京市住宅地价重心在几何中心西南部,说明住宅用地楼面价西南部要高于东北部。这主要由于住宅用地价格较高的区域集中在秦淮区。从2010年、2014年到2018年,南京住宅用地楼面价重心基本不变,仅仅分别偏移40米、60米,说明南京居住区位选择从空间来看,总体没有明显变化。

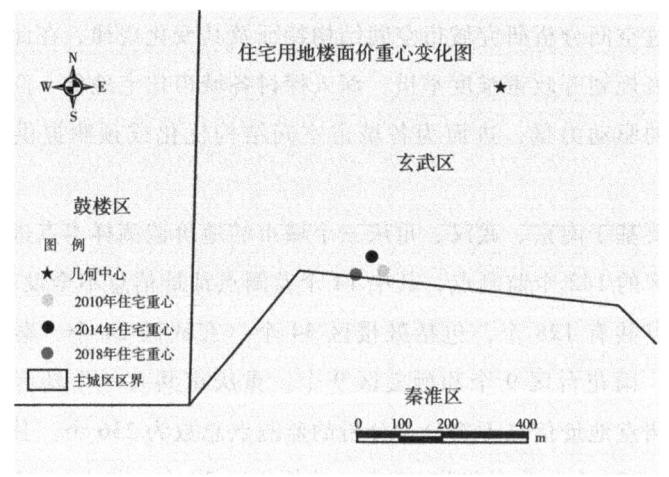

图4-1 南京市住宅用地楼面价重心变化图

进一步运用等高线与空间统计方法分析其具体空间结构变化。图4-2是南京市住宅地价的等高线。可以看出,南京市住宅用地价格高值区集中在秦淮区、鼓楼区以及与它们交界的玄武区、建邺区和雨花台的部分地区。尤以夫子庙商圈、新街口商圈周围及钟山脚下月牙湖公园附近为最。2010~2018年,住宅用地楼面价整体有了较大提升,其中,高值区的提高幅度要明显大于低值区,但主要高值区和低值区的空间区位并没有发生明显改变。随着时间演化,各高值区的范围都在向外推移,尤其是夫子庙商圈和新街口商圈周围已形成连

片高值住宅区,且与其他高值区相比价格差距在拉大,同时呈现两个特征,一是核心区块的极化特征更加明显,二是核心区块内部扩散效应显著存在,与2010年相比,2018年高值住宅地价区范围显著扩大。

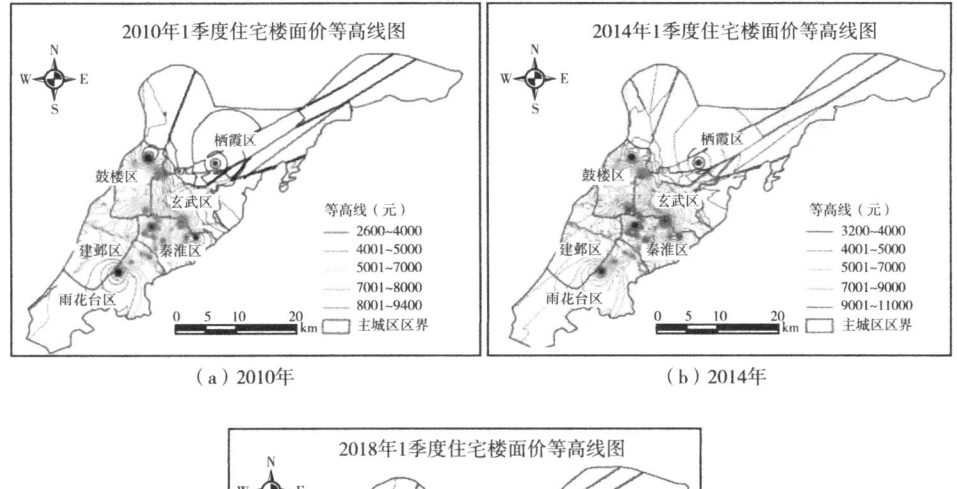

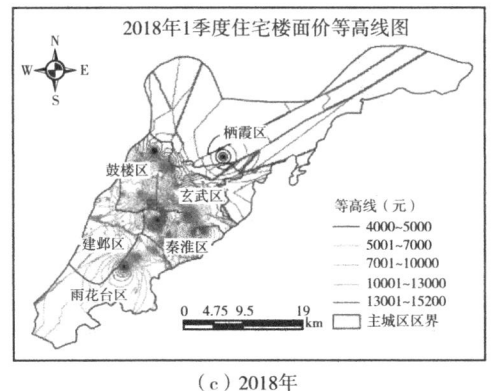

图4-2 南京市主要监测点住宅地价等高线变化图

图4-3刻画了南京市住宅用地价格空间相关特征。Moran全局指数的测算表明,南京市住宅地价存在显著的空间正相关,并呈逐渐强化趋势,全局moran指数从2010年、2014年的0.19、0.20,上升到2018年的0.25。局部空间关联分析表明,南京市住宅地价空间正相关主要表现为显著的高值集聚,主要集中在秦淮区西北部以及与其毗邻的鼓楼区、建邺区和玄武区的部分地区。显著低值集聚区集中在栖霞区西南部和玄武区北部接壤的地区。其他地区高值和低值分布不具有显著的集聚特征。2010~2018年,低值集聚区无明显变动,

但高值集聚区的范围在逐年外推,一方面,高值集聚区向鼓楼区北部拓展;另一方面,秦淮区南部周围低异常值的数量也在逐渐减少。

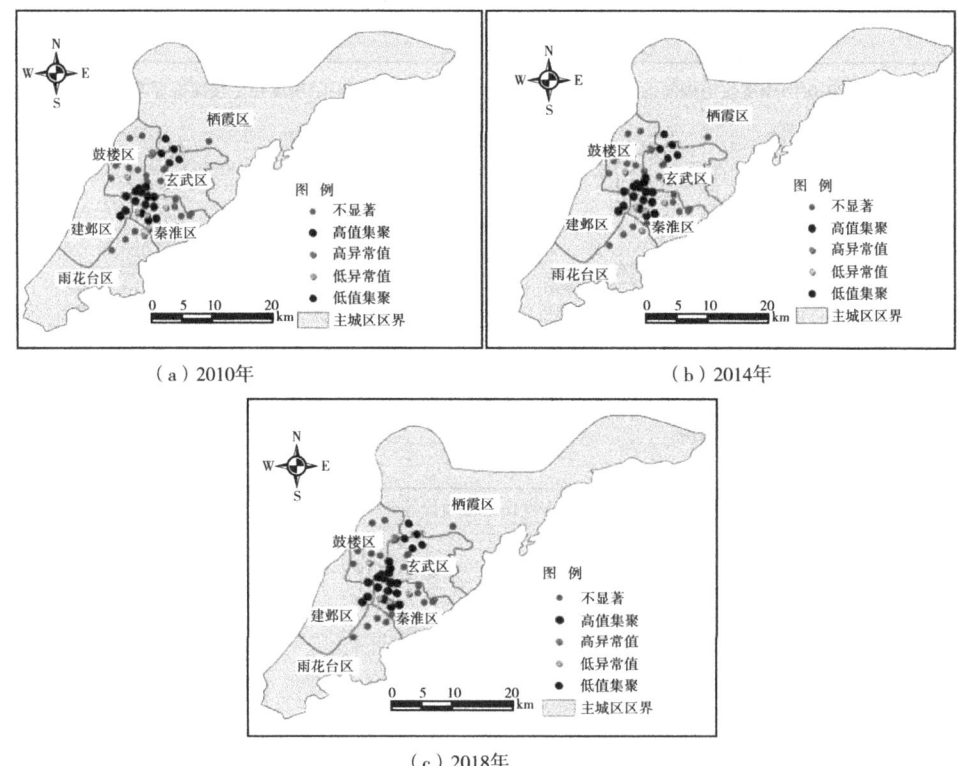

图4-3 南京市主要监测点住宅地价空间关联变化图

二、武汉住宅地价空间结构及其演化特征

根据图4-4,大体上武汉市东北部住宅地价要高于西南部,其重心在几何中心东北部。随着时间推移,2010~2018年,武汉市住宅用地价格南部的提升速度高于北部。住宅价格重心有向南移动的趋势。但在东西方向上,变动不明显。具体而言,2010~2014年,楼面价重心向西南部偏移约47.7m,说明居住功能在此期间向南部的拓展幅度大于东部和西北部。2014~2018年,重心向东微偏南方向偏移约18.8m,说明居住功能在此期间向东部的拓展速度加快。

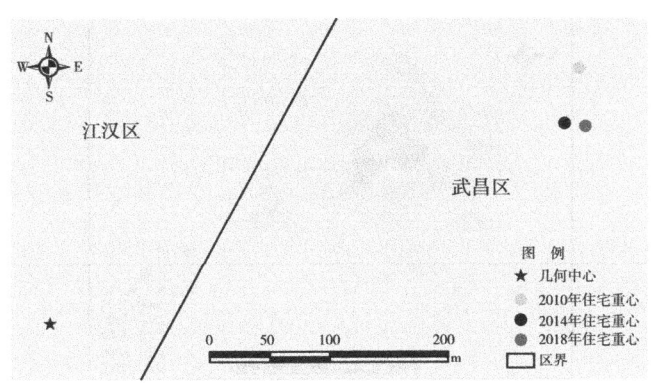

图 4-4 武汉市住宅地价重心变化图

进一步运用等高线与空间统计方法分析其具体空间结构变化。从图 4-5 可以看出，武汉市住宅用地价格呈现出较明显的由中心商圈向外围逐级递减的特点。随着时间演化，各高值区的范围都在向外推移，最终，在江汉区、江岸区、硚口区和武昌区交界地带形成连片高值住宅区，其外围向东部、南部和西北部拓展的幅度大于其他方向。具体而言，2010 年，武汉市主城区住宅用地价格最低值 641 元，最高值 2839 元。高值区集中在江汉区、江岸区和硚口区南部交界处的江汉路商圈、武广商圈和汉正街商圈周围以及武昌区的中南商圈周围。2014 年，住宅用地楼面价整体提升 2~3 倍，最低值 1475 元，最高值 6751 元。2018 年，最低值 2003 元，最高值 8752 元，高值区相对于低值区价格提升更明显。2010~2018 年高值区空间区位和范围没有发生明显变动。

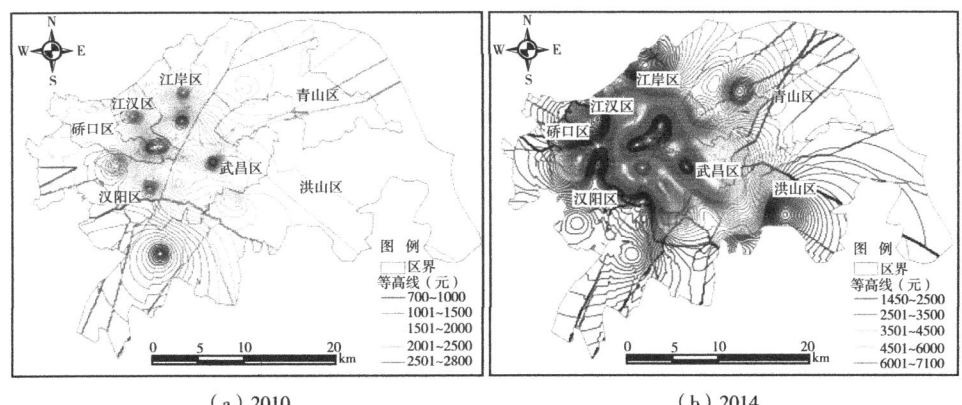

（a）2010　　　　　　　　　　　（b）2014

图 4-5 武汉市主要监测点住宅地价等高线变化图

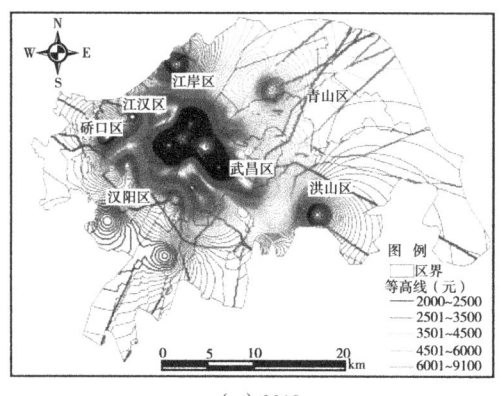

(c) 2018

图 4-5 续图

图 4-6 刻画了武汉市住宅用地价格空间相关特征。全局 Moran I 测度表明，武汉市住宅地价呈现出显著空间正相关，但表现出一定波动性。Moran I 指数值从 2010 年的 0.29，增加到 2014 年的 0.35，又降低到 2018 年的 0.32。具体来看，2010 年，高值集聚区成片集中在江汉区、江岸区、硚口区南部和汉阳区交界处的江汉路商圈、武广商圈和汉正街商圈周围以及武昌区的中南商圈与沙湖和东湖周围地区。除此之外，并不存在其他显著高低异常值区和低值集聚区。2014 年，高值集聚区范围明显向外拓展，尤其是江岸区和江汉区交界处以及武昌区南部，同时，由于监测站点增多，也出现更多其他空间关联类型区。2018 年，高值集聚区范围又有所调整，江岸区 2014 年新增的高值聚类点不再显著，在南部的硚口区和武昌区又有所拓展，低异常值也减少，这种变化可能来自监测点变化。

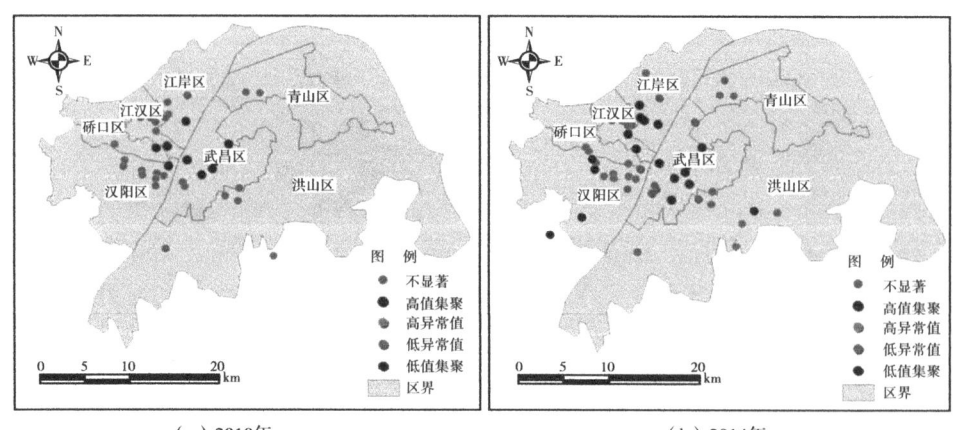

(a) 2010年　　　　　　　　　　(b) 2014年

图 4-6 武汉市主要监测点住宅地价空间关联变化图

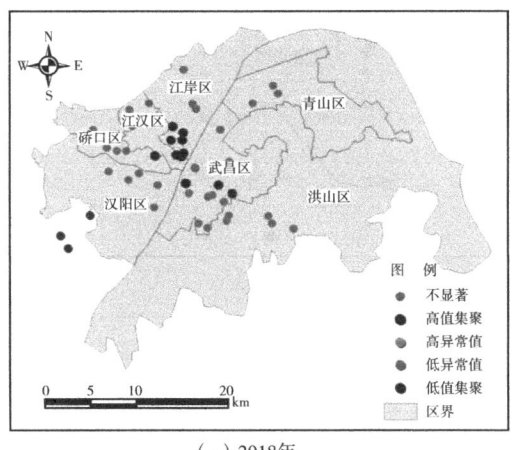

（c）2018年

图4-6 续图

三、重庆市住宅地价空间结构及其演化特征

整体上，2010~2018年，重庆市住宅地价的高值区从南部向北部转移的演化特征非常明显，如图4-7。2010年，住宅地价重心尚位于几何中心南偏东地区，2010~2014年，重心向北偏西转移约730m，2014~2018年又持续向北偏东转移442m。一个重要原因是，2010年国务院批复两江新区为全国第三个国家级开发区。具体看，2010年，整体上楼面价差不大，最低值455元，最高值1500元。1000元以上高值区主要集中在渝中区东北部解放碑商圈附近、沙坪坝区沙坪坝商圈附近、江北区观音桥商圈北部和江北嘴商圈及渝北区江北国际机场附近。2014年，最低值523元，最高值3050元，高值区北移的特征已非常明显。2000元以上高值区主要集中在沙坪坝商圈附近及江北观音桥商圈北部。2018年，最低值580元，最高值3756元。3000元以上最高值集中在沙坪坝商圈、江北嘴商圈和江北国际机场附近，除此以外，2000元以上的次高值区广泛分布在沙坪坝、江北和渝北的两江新区地带，而传统高值区解放碑商圈周围的楼面价区间则为1500~2000元的区间。九龙坡区和大渡口区则是低值的主要分布区。

由于监测点分布相对集中，主要运用空间相关分析工具探讨具体空间结构。2010~2018年，重庆住宅地价上升幅度相对于其他城市而言比较小。这

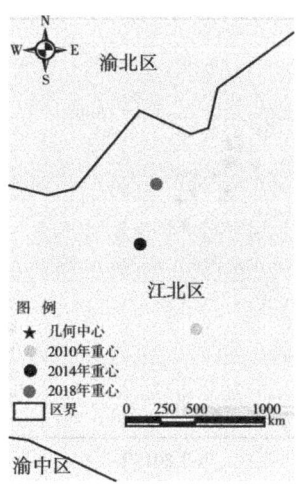

图 4-7 重庆住宅地价重心

在一定程度上与重庆房地产市场政策调控有关系,重庆一直较好地抑制了"炒房"等市场投机行为。尽管如此,由于两江新区成为国家级经济技术开发区,随着时间推移,以观音桥商圈和渝北组成的两江新区商圈及与其毗邻依山傍水、四通八达的沙坪坝商圈带动的住宅地价迅速超越传统的解放碑商圈周围的住宅地价。

全局 Moran I 指数表明,重庆市住宅地价存在显著空间正相关。全局 Moran I 指数值从 2010 年的 0.43,增加到 2014 年的 0.49,再增加到 2018 年的 0.51,表明这种空间的集聚程度在加强。与南京、武汉相比较,重庆地价呈现更高的空间相关性。

重庆市住宅地价的局部空间关联图表明(图 4-8),高值集聚和低值集聚都很明显。2010~2018 年,高值集聚区的范围发生比较大的变动。2010 年,高值集聚区集中在沙坪坝商圈、观音桥商圈和解放碑商圈,低异常值在它们周边零星分布,其他地区不显著。2014 年,江北的观音桥商圈、沙坪坝商圈和渝北交界地区已经连成一片成为高值集中片区,低异常值数量减少。2018 年,高值集聚区继续北移,外扩至江北国际机场附近,而在沙坪坝商圈和观音桥商圈,却出现了低异常值点位。这些演化特征表明,一方面,以两江新区为契机的北部新区整体住宅地价快速提升;另一方面,新区与老区的住宅价格经历着从反超到差距逐步拉大的过程。

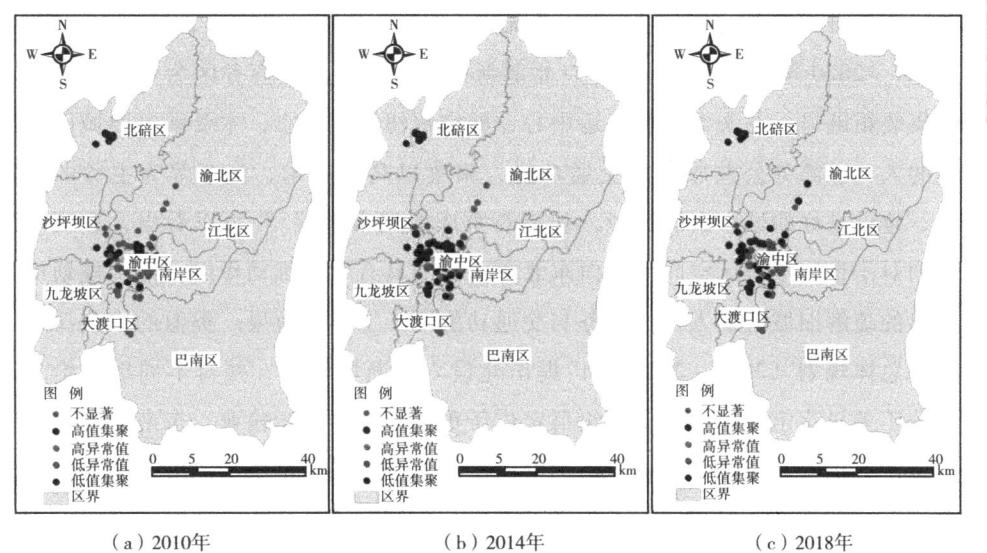

图4-8 重庆市主要监测点住宅地价空间关联变化图

2010~2018年,低值集聚区的范围也经历了扩张,尤其从2010年到2014年扩张比较明显。低值集聚区扩张主要集中在九龙坡、大渡口和南岸区,这说明,相对于其他地区,这些地区的住宅用地价格提升缓慢。而且,高异常值也仅仅是孤立的1~2个点,说明这些区商圈对住宅的辐射带动作用明显较弱。

四、各城市住宅地价空间结构变化及进一步分析

各城市空间结构变化表现出几个共同点。第一,三个典型城市住宅地价均表现出显著的空间相关性,传统商贸中心的地价高值集聚以及低值集聚现象仍比较显著,说明高值呈现出一定的空间扩散效应,即随着城市规模扩大,传统意义的城市住宅中心范围也在不断扩张。第二,三个城市住宅地价表征的空间结构变化充分反映了政府所制定城市规划的引导作用。比如,南京市城市发展总体规划(2007~2020年)明确提出"主城是都市区及更大区域的核心,以商务、商贸、科技、信息、综合管理等高端服务职能为主,禁止发展有污染和低效的产业",为此,将主城区打造为整个城市高端服务业中心,而一些工业等城市功能开始向三大副城布局。这一规划理念使得南京城市住宅地价呈现总

体显著提升以及中心区地价高值集聚区的显著扩张。重庆市城市总体规划（2007～2020年）明确指出，"以北部新区、江北城现代商务区为重点，以寸滩集装箱港口、龙头寺铁路客运中心、航空枢纽等为标志，主要承接旧城区疏解的人口、部分公共服务和交通功能，聚集以高新技术、汽车等为主导的产业，建设良好的城市人居环境，塑造新重庆的城市风貌。"可以看出，重庆市规划对于重庆主城区空间重心向东北方向移动具有重要推动作用，说明规划中提出的疏解旧城区的人口、服务与交通功能产生了显著效果。类似的，武汉市城市总体规划（2010～2020年）提出建设六大新城组群，并对不同组群给予了分工差异化定位，东部新城组群定位于重化工与港口运输业，东南新城组群定位于光电等高新技术产业，南部新城组群定位于教育科研、机电、医药等高新产业，西南新城组群定位于汽车、机电及包装印刷等产业，西部新城组群则定位食品加工等轻工业与现代物流产业，北部新城组群定位于航空物流等产业。差异化的功能定位对于邻近主城区地价产生了显著影响，定位高新技术产业或高端制造业的东南、南部、西南、西部新城组群的地价高值聚集效应显著，并且从2010年到2018年具有显著增强趋势，而定位于重化工业与航空物流的东部、北部新城组群比邻的洪山区、青山区从等高线图看是显著的外围地区，地价明显低于其他主城区，随着时间推移，这一趋势还在加强。

但不同城市表现出较为显著的差异性。从地价空间重心变化趋势看，南京与武汉的住宅地价重心均未有显著变化，但重庆住宅地价重心显著北移。从住宅地价的空间变动趋势来看，南京住宅地价整体上涨较为迅速，2010年住宅地价7000～8000元的等高线范围很小，2018年主城区约100平方公里区块均位于7000～10000元的等高线范围内，说明主城区已经进入较高区间了。武汉也形成连片高值集聚区，面积超过100平方公里，地价在6000～9000元，不过不少地区住宅地价仍处于相对较低水平。而重庆的住宅地价整体显著低于南京与武汉，高值集聚区的住宅地价也仅仅在2000～4000元，基本位于江北新区。这种差异性是基于多种因素造成的，一是不同城市土地稀缺性差异，重庆规划2010年建设用地400平方公里，2020年规划建设用地520平方公里；武汉市2020年规划主城区人口规模500万人，建设用地450平方公里；南京2020年规划的主城区人口规模380万人，建设用地258平方公里。可以看出南京的主城区建设用地最为紧张，考虑到经济发展水平差异导致的实际常住人口差异，作为东部区域中心城市的南京比作为西部中心城市的重庆在建设用地稀缺性上表现得更为明显。二是重庆一直以来实施多层次住房供给政策，要求"重点保障廉租住房建设，增加中低价位、中小套型普通商品房（含经济适用住房）的供给，促进房地产业的健康发展"，这在很大程度上抑制了住宅地价的快速上升。

第三节

长江经济带典型城市商服地价空间结构及演化特征分析

一、南京商服地价空间结构及演化特征

如图4-9所示，南京市主城区商服地价与住宅地价的空间变动呈现类似特征。南京市商服地价也呈现出南部高于北部的特征，其空间重心在几何中心南部，商服地价较高的区域主要集中在秦淮区。商服地价空间重心变化趋势并不明显，从2010年到2014年，再到2018年，秦淮区商业用地价格的提升导致价格重心向西南部分别偏移约40m和26m，其中2010~2014年主要表现为向南部偏移，而2014~2018年则向西部偏移更多。与图3-1相比较，南京商服地价重心与住宅地价比较接近，但也有一定的偏离。

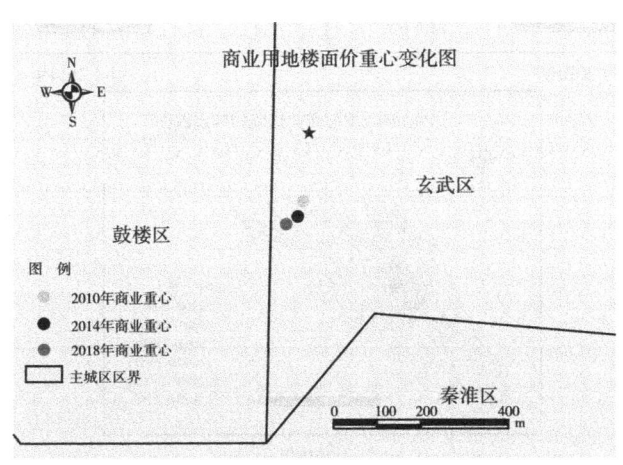

图4-9 南京市主要监测点商服地价重心变化图

图 4-10 是南京 2010 年、2014 年、2018 年商服地价的等高线分布图。可以看出，南京市主城区商服用地价格高值区集中在秦淮区、鼓楼区以及与它们交界的玄武区部分地区。尤以新街口商圈及湖南路商圈为最，夫子庙商圈次之。2010~2018 年，商业用地楼面价低值区提升不明显，但高值区提升迅速。主要高值区和低值区的空间位置也并没有发生明显改变，夫子庙商圈在 2014 年之后商业用地价格提升比较明显。随着时间演化，各高值区向外推移的范围和速度在加快，到了 2018 年，新街口、夫子庙和湖南路商圈形成的高价商业用地区已连为一体，且与其他商业用地的价格梯度差在拉大，并呈现类似圈层结构特征，最核心层是深红色区域，地价高达 20000 元以上，次之是浅红色区域，地价为 15000~20000 元，然后是一圈面积较大的绿色区域，其地价在 8000~15000 元，此外还呈一定的辐射状，显著向秦淮区南、鼓楼区西辐射。与住宅地价比较可以看出，商服地价总体高于住宅地价，但二者空间结构特征高度相关。

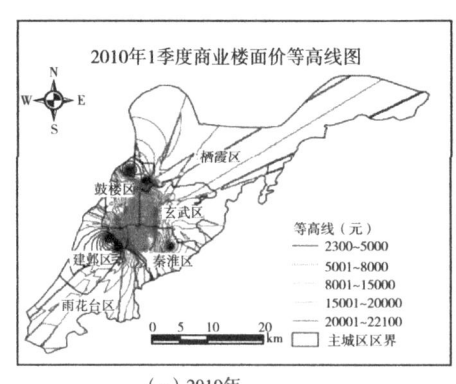

（a）2010 年

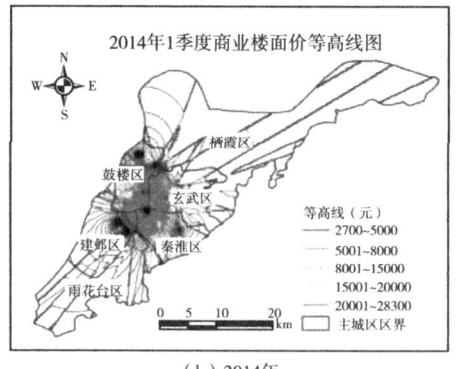

（b）2014 年

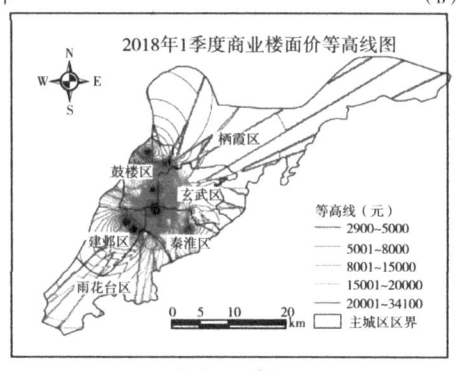

（c）2018 年

图 4-10 南京市主要监测点商服地价等高线变化图

进一步做空间统计分析。Moran 全局指数的测算表明，南京市商业用地楼面价存在着显著的空间正相关，且全局指数从 2010 年的 0.467 到 2014 年的 0.477，再到 2018 年的 0.483，表明空间的集聚程度也在加强。

图 4-11 刻画了南京市商服用地价格空间相关特征。热点分析图表明，这种空间正相关主要表现为显著的高值集聚。南京市主城区商服用地显著高值集聚区以新街口商业圈为中心，集中在鼓楼区东南部和秦淮区西北部以及与其毗邻的玄武区西南部地区。显著低值集聚区分散在距高值集聚区较偏远的栖霞区、建邺区、秦淮区和玄武区外围。其他地区高值和低值分布不具有显著的集聚特征。2010~2018 年，商服地价的显著高值集聚区和低值集聚区都无明显变动，表明高值区的核心区位置未发生变化，与周围的价格梯度差较大。这从其周围的低异常值分布也可明显看出，2014 年鼓楼区的两个低异常值一度不显著，但 2018 年又变得显著，其他低异常值都没有发生改变。与住宅用地显示的特征不同，虽然整体高值区范围在扩大，但商业用地核心区无明显变化，极化特征一直比较明显。

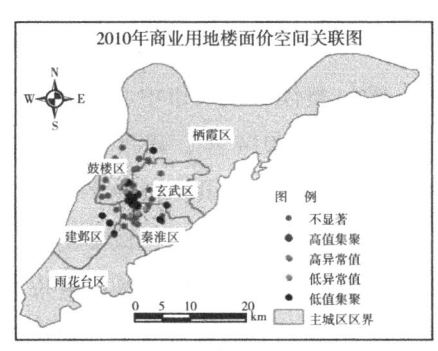

（a）2010年

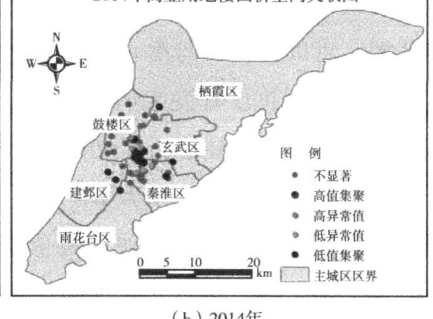

（b）2014年

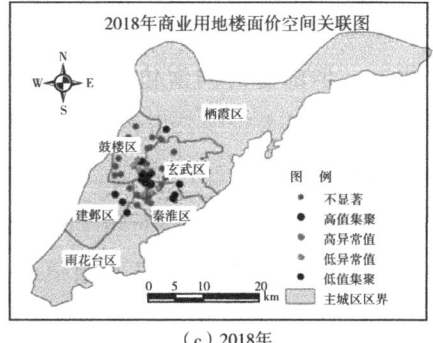

（c）2018年

图 4-11 南京市主城区主要监测点商业用地楼面价空间关联变化图

二、武汉商服地价空间结构及演化特征

武汉市地价与住宅地价类似，也呈现出东部高于西部的特征，重心在几何中心东部。且随着时间推移重心变化较弱。如图4-12所示。

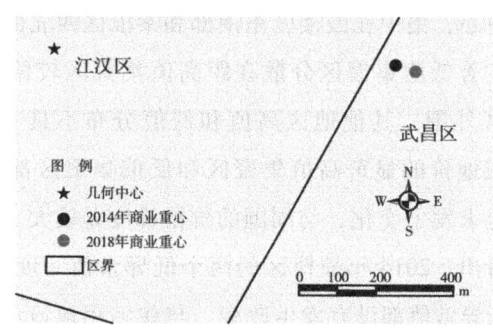

图4-12 武汉市主城区主要监测点商业用地楼面价重心变化图

再看武汉商服地价的等高线分布。图4-13是2014年、2018年商服地价等高线图。可以看出，与重心保持稳定相一致，整体上武汉市中心的高值区核心区的空间位置并没有发生明显改变。具体而言，2014年，武汉市商服地价呈现出以武广商圈为核心，江汉路商圈和汉正街商圈围绕共同组成一个最高值圈层；以武昌区的中南商圈为中心，形成另外一个次高值圈层；以洪山区光谷商圈为核心还有一个再低一级的高值圈层。2018年，江汉路商圈用地价格与武广商圈差距缩小，他们共同与周围其他商圈形成一个哑铃型高值圈层；中南商圈在价格上也与武广商圈差距缩小，继续保持次高值圈层，光谷商圈在价格上的差距依然很大，但也保持着显示度。2014~2018年，商服地价最低值和最高值都没有发生大的提升，但随着时间演化，各高值区的范围向外推移明显。需说明的是，2010年监测点样本较少，未作等高线图。

接着做进一步的空间相关性分析。2010年监测点数过少，没有做空间相关测算。对2014年、2018年数据做的全局Moran I测度表明，武汉市住宅用地楼面价呈现出显著的空间正相关，但Moran I指数值从2014年到2018年几乎没有发生改变，从0.5887轻微下降为0.5885。图4-14刻画了武汉市商服用地价格空间相关特征。从局部热点分析看，武汉市主城区商服地价显著高值

第四章 城市的空间结构及其变化

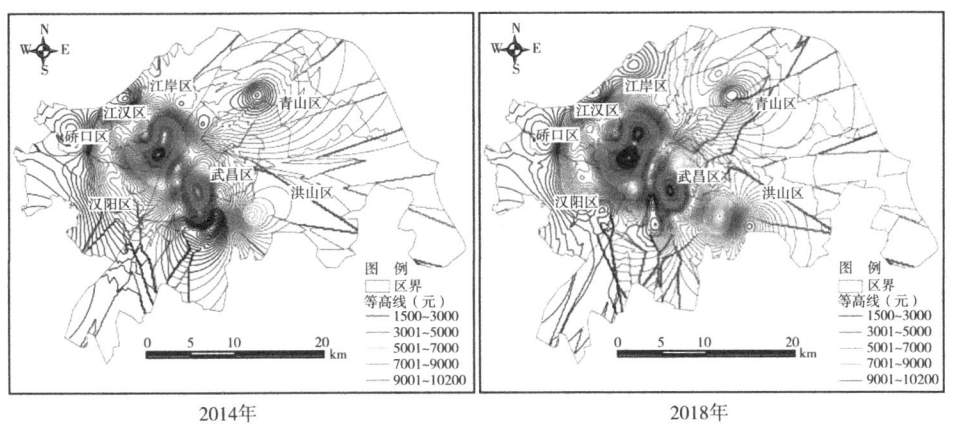

图4-13 武汉市主要监测点商业地价等高线变化图

集聚大于低值集聚。2014年，显著的高值集聚区由武广商圈、江汉路商圈和汉正街商圈集中连片组成，武昌区的中南商圈尚未形成显著高值集聚。2018年，武昌区的中南商圈形成了一小片高值集聚区，并向外拓展，但中间地带尚存在低异常值，说明尚未与武广商圈的高值集聚区连成一片。

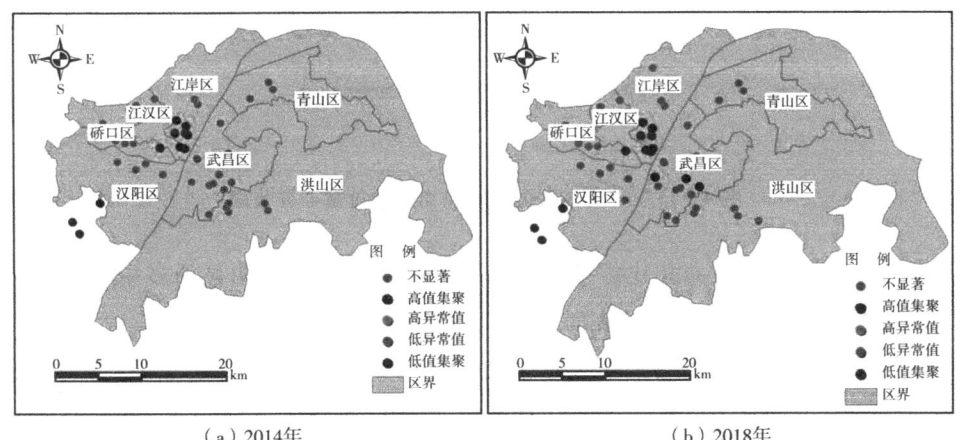

图4-14 武汉市主要监测点商服地价空间关联变化图

三、重庆市商服地价空间结构及演化特征

重庆市商服地价总体呈现出南部高于北部的特征，重心在几何中心南部。

随着时间推移，重心开始向西偏移。2010年到2014年，再到2018年，商服用地价格重心向南偏西分别移动约288m和113m。这与具有北移趋势的重庆住宅地价空间变动趋势不一致，说明重庆市的住宅功能与商业功能在此期间出现了空间分离的迹象。这一方面说明城市规划发挥出了引领效应，引导居住功能从传统的商业中心逐渐向江北新区疏散；另一方面也在于商业中心转换具有相对较大的时滞效应，而居住中心的演化对城市规划的变更更为敏感。

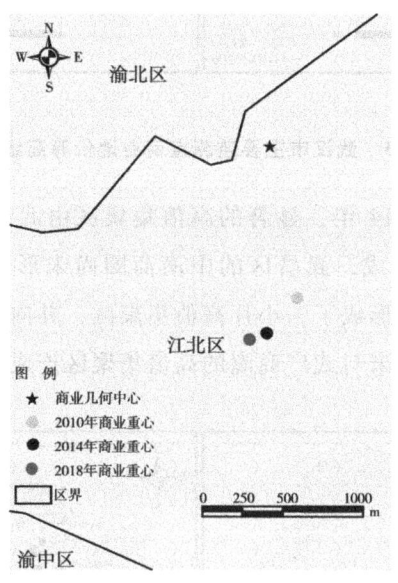

图 4-15　重庆市主要监测点商服地价重心变化图

与居住价格的分布相比，重庆商服地价分布也呈现更明显的多中心特征。但商服地价高值并未呈现显著的向江北转移趋势。2010年，重庆市主城区商服地价高值区除集中在渝中区东北部解放碑商圈、江北区观音桥商圈北部和江北嘴商圈和沙坪坝区沙坪坝商圈这些住宅价格高值区外，还分布在九龙坡杨家坪商圈及南岸区南坪商圈。2010~2014年，商业用地楼面价低值区提升不明显，但高值区提升非常迅速，翻了近4倍。这种提升主要发生在杨家坪商圈和解放碑商圈，与其他商圈的商业用地价格梯度差在拉大。2014~2018年，整体价格提升幅度不大，价格摇摇领先的商圈仍然只有杨家坪商圈和解放碑商圈，且前者明显高于后者。

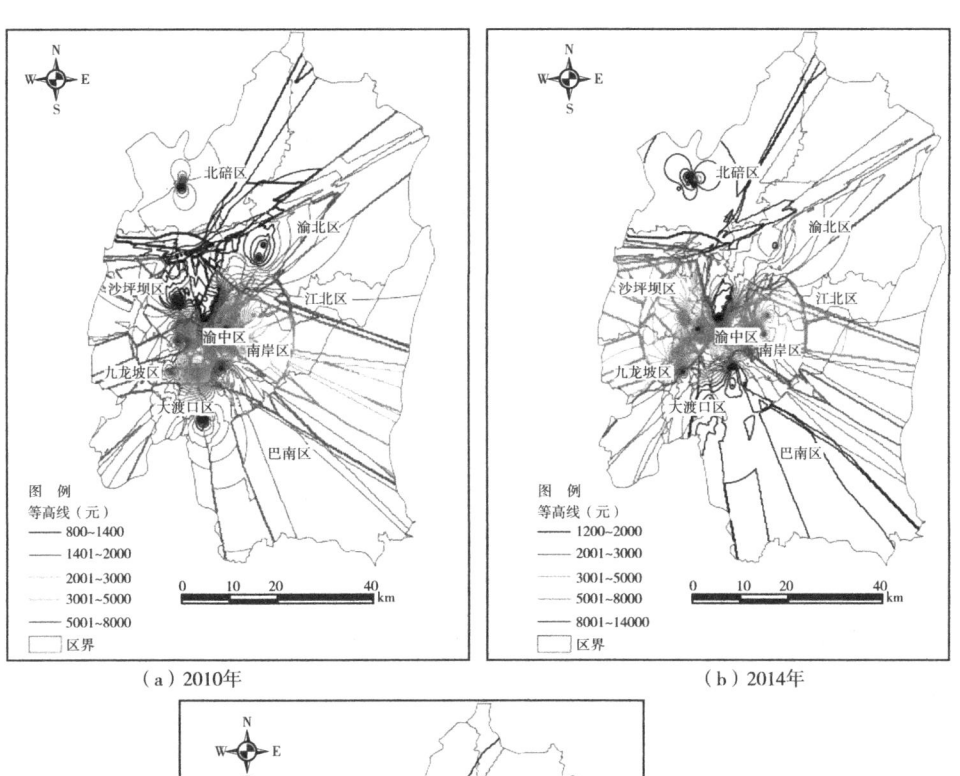
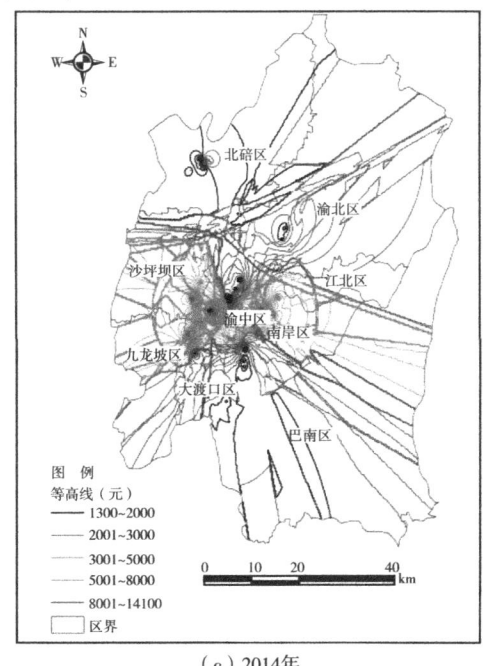

图 4-16 重庆市主要监测点商服地价等高线变化图

全局 Moran I 的测度也表明，重庆市商服地价存在显著的空间正相关。全局 Moran I 指数值从 2010 年的 0.39，增加到 2014 年的 0.50，再增加到 2018 年的 0.52，表明这种空间相关程度在加强。与其他城市商服地价呈现显著高值集聚的特征不同，重庆市主城区商服地价的高值集聚，不如低值集聚那么明显。2010 年，显著高值集聚区只在沙坪坝商圈、杨家坪商圈及南坪商圈出现，其他，如渝中区东北部解放碑商圈、江北区观音桥商圈和九龙坡区政府附近只有一个高值集聚点出现。其他地区高值分布不具有显著的集聚特征。这说明这些商圈的规模还不够大，对周围商业的带动作用还不够明显，从这些商圈周围的低异常值大量分布也可以看出。

2010~2014 年，解放碑商圈的规模扩大明显，对周围带动作用凸显。形成一个最大的显著高值集聚区，周围低异常值点数量减少并外扩。杨家坪商圈的规模扩展不明显，仍有大量低异常值存在，与周围的价格梯度差仍然较大。其他商圈的高值集聚开始变得不显著。2014~2018 年，整体空间关联情况变化不大，基本维持了 2014 年的集聚分布情况。商业地价的低值集聚区持续在

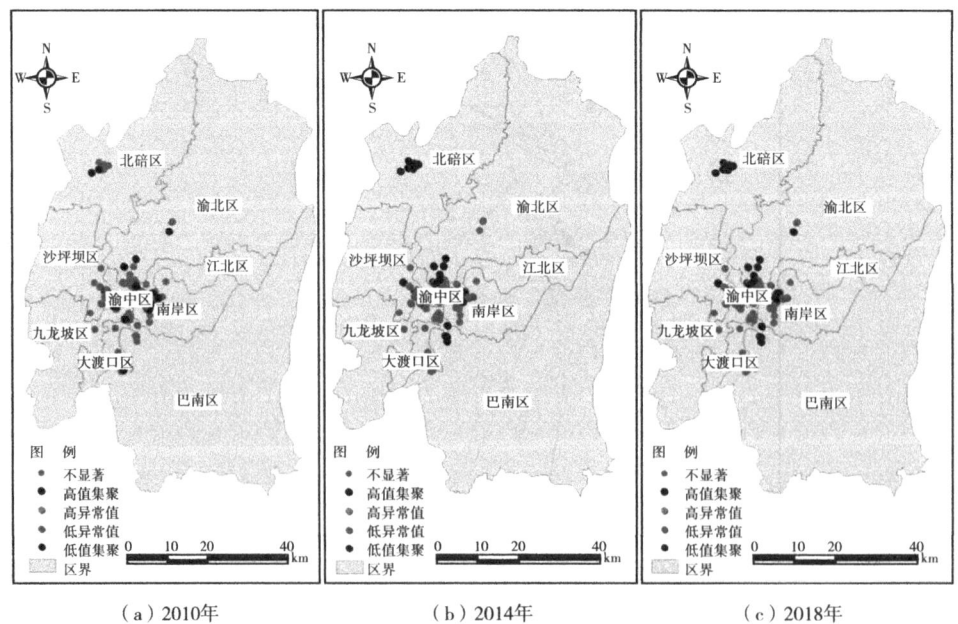

（a）2010 年　　　　　　（b）2014 年　　　　　　（c）2018 年

图 4-17　重庆市主城区主要监测点商业用地楼面价空间关联变化图

渝北区和巴南区出现,且范围不断扩大。尤其是渝北区商服地价低值集聚与住宅地价高值集聚形成鲜明对比,说明重庆市商服相关产业发展相对滞后,未随着城市居住空间结构扩张而进行相应拓展。

四、各城市商服地价空间结构比较及进一步分析

各城市商服地价空间相关性均比较显著,全局 Moran I 指数均大于 0.4,说明城市商服用地存在一定的空间外部性,位于集聚区内的商服地价因而呈现正相关。同时,2010~2018 年,南京、武汉与重庆商服地价的空间重心总体变化均不甚显著,南京、武汉的商服地价空间重心偏离在 100 米以内,相对而言,重庆商服地价空间重心变化比较明显,向西偏南发生了总共约 400 米的偏离。这说明城市商服用地及其价格具有较高稳定性与转换时滞性,尽管这些城市在扩张过程中都在积极打造一些"副城"或"新城",但由高值商业地价反映的商业中心始终表现出高度的稳定性,这是因为真正的高端服务业对区位及其相关的配套与公共服务有着比较严苛的要求,而作为传统中心具有更广的辐射范围与市场容量,更容易支撑其高地价。这在一定程度上反映了阿隆索单中心城市模型总体上仍具有解释力。

但 3 个城市也呈现不同之处。南京总体商服地价水平较高,主城区南部大部分地区商服地价均达到 5000 元以上楼面价,8000 元以上楼面价中心区域也显著形成,这与南京市整体发展水平有密切关系,也在一定程度上与地处长三角的便利的物流条件有关,便利的物流条件使得普通商业与服务业的区位选择更为自由,促进了普通商服产业向周边扩散。南京市城市总体规划(2008~2020 年)提出主城区打造新街口、城南中心与河西中心,但从空间分析看,河西中心所处建邺区并没有形成显著的商服集聚区,商服地价没有表现出高值集聚特征。这说明城市商业中心有其内在的经济逻辑,城市规划如果不充分,加上缺乏相应的高端产业支撑,无法提供商业中心发展的充分条件。

武汉总体商服地价水平次之,在传统商业中心地价高值集聚并在空间上显示出扩张趋势基础上,形成一些新的商服地价高值集聚中心,新的次中心正在

生成。其中，依托东南部新城组群的洪山区光谷等高新技术产业发展，相应区位的商服地价高值集聚正逐步显现；南部新城组群因为定位教育科研、机电与医药等现代制造业，也有商服地价的高值集聚现象，而其他新城组群依托多是传统产业，相应的地区或邻近主城区的商服地价因为缺乏足够的高端商业服务需求而处于相对较低水平。

与南京、武汉两个城市相比，重庆商服地价总体水平比较低，而且高值相对集聚空间较小，远没有形成类似武汉三镇"哑铃"型两个片区以及南京"圈层"式高商服地价集聚特征。尽管重庆市的城市总体规划也强调将主城区打造为"具有区域辐射力和一定国际、国内影响力的商务办公区、商业区和公共活动中心"，但由于重庆产业结构仍以工业为主，无法为现代服务业发展提供充分空间，使得商服地价相对较低。

第四节
各城市住宅地价的决定因素分析

一、变量选取与数据测算

本节选择各城市住宅地价作为被解释变量，为了对回归结果进行全面考察，我们分别以楼面价和地面价作为被解释变量进行回归分析，以探讨不同城市监测点地价的影响因素。从宏观上来说，住宅地价取决于供给、需求两方面的一系列因素，从需求角度包括居民收入水平等。但从监测点数据来看，对于同一城市内部来说，这些宏观条件是基本相同的，因此，我们没有考虑这些因素。不同城市各监测点地价则主要取决于其所处区位特征，如区位中心度、交通、教育、医疗等条件，为此，我们针对每个监测点，构建了四个主要解释变量。一是监测点距离城市中心的距离，中心取各城市传统的中央商务区，南京选择新街口和夫子庙两个中心，分别测算监测点距离二者的距离，利用百度地图选择最近距离进行测算，武汉选择武昌中央商务区和汉阳步行街两个中心，重庆则选择解放碑和观音桥两个中心，距离测算方式相同；二是监测点距最近地铁口距离,反映其交通便利程度,距离数值也是利用百度地图选择最近距离进行测算;三是监测点距离最近三甲医院的距离,获得3个城市的三甲医院,然后分别测算每个监测点距离最近三甲医院的实际距离;四是监测点所在学区,以虚拟变量表示,监测点所在学区为区重点学校或市重点学校,计为1,否则计为0。

二、回归结果分析与解释

由于获取过往年份数据难度比较大,我们选取2018年度的截面数据进行分析。虽然截面数据无法提供面板数据分析的诸多好处,比如采用差分等方法解决变量内生性等问题。但由于我们所选取变量均具有高度外生性,因此利用横截面数据所做的OLS回归仍是可取的。

首先对南京住宅地价做回归,回归结果见表4-1。我们以2018年第一季度的住宅地面价和楼面价、第二季度的住宅地面价和楼面价作为被解释变量,为了减少异方差问题,所有地价均取了自然对数。共做了四个回归。回归结果显示,同一季度楼面价与地面价的回归系数有比较显著差异,但不同季度的楼面价或地面价的回归系数保持高度一致。回归1和回归3是按楼面价做的回归,可以看出单中心特征显著,至新街口距离与楼面价呈负相关且高度显著,而至夫子庙的距离对楼面价影响不显著。至三甲医院距离以及是否学区房对监测点楼面价均没有显著影响;而距最近地铁站距离则与地价呈一定的负相关,系数分别为-0.073,-0.074,均在10%的水平上显著。回归2和回归4是按地面价做的回归。距离新街口的距离变量仍表现出高度负相关,系数均在1%的水平上显著。但夫子庙的距离反而对监测点地面价产生正的影响。至地铁口距离同样有显著负面影响,系数均在1%的水平上显著,说明地铁反映的交通可达性的确是影响住宅地价的重要因素。而距离三甲医院距离对地面价影响为正,且高度显著,这可能是因为南京实行分区规划的结果,导致一些核心住宅地块与主要的三甲医院距离相对较远。学区房同样并非影响住宅地面价的显著因素。

表 4-1　　　　　　　南京市住宅地价空间决定因素分析

变量	回归1 一季度楼面地价 (vce)	回归2 一季度地面地价 (vce)	回归3 二季度楼面地价 (vce)	回归4 二季度地面地价 (vce)
距新街口距离	-0.110*** (-4.32)	-0.290*** (-11.08)	-0.112*** (-4.36)	-0.292*** (-11.11)
距夫子庙距离	0.002 (0.13)	0.057*** (2.73)	0.003 (0.14)	0.057*** (2.74)
最近三甲医院距离	0.033 (1.07)	0.100*** (3.00)	0.033 (1.09)	0.101*** (3.02)
最近地铁站距离	-0.073* (-1.71)	-0.164*** (-3.34)	-0.074* (-1.72)	-0.164*** (-3.36)
学区	0.016 (0.23)	0.032 (0.45)	0.017 (0.80)	0.034 (0.47)
常数项	9.380*** (126.2)	10.324*** (131.35)	9.379*** (126.27)	10.323*** (131.26)
样本量	54	54	54	54
R^2	0.5805	0.8313	0.5836	0.8320

注：*、**、*** 分别表示在1%、5%、10%的水平上显著。

接着对武汉住宅地价做回归。回归结果如表4-2所示。同样以2018年第一季度的住宅地面价和楼面价、第二季度的住宅地面价和楼面价作为被解释变量，为了减少异方差问题，所有地价均取了自然对数，也做了四个回归。回归结果显示，同一季度楼面价与地面价的回归系数有比较显著差异，但不同季度的楼面价或地面价的回归系数保持高度一致。回归1和回归3是按楼面价做的回归，回归2和回归4是按地面价做的回归，与南京不同的是，可以看出四个回归结果高度接近，说明一方面季度波动不显著，没有导致回归结果差异；另一方面地面价与楼面价均较好地反映了共同的区位属性，也反映了回归结果的稳健型。从四个回归结果看，武汉表现出典型的双中心格局，至武昌中央商务区的距离与楼面价呈负相关且高度显著，至汉阳步行街的距离对楼面价同样有显著负面影响，即监测点距离这两个中心距离越远，其地价楼面价越低，从系数值看汉阳步行街中心对地价的辐射效应更显著。至三甲医院距离对住宅楼面价或地面价也有显著负的影响，且系数较大，约为-0.1，在1%的水平上显著。监测点距离地铁口的距离对地价具有显著负面影响，距离越远，其地价越低。是否学区房对监测点楼面价同样均没有显著影响。

表 4-2　　　　　　　武汉市住宅地价空间决定因素回归结果

变量	回归1 一季度楼面价 (vce)	回归2 一季度地面价 (vce)	回归3 二季度楼面价 (vce)	回归4 二季度地面价 (vce)
距武昌中央 商务区距离	-0.035*** (-3.34)	-0.037*** (-3.34)	-0.037*** (-3.32)	-0.037*** (-3.32)
距汉阳步行街距离	-0.061*** (-5.47)	-0.061*** (-5.47)	-0.061*** (-5.44)	-0.061*** (-5.44)
最近三甲医院距离	-0.101*** (-4.29)	-0.101*** (-4.29)	-0.101*** (-4.27)	-0.101*** (-4.27)
最近地铁站距离	-0.097** (-2.11)	-0.097*** (-2.11)	-0.099** (-2.15)	-0.099*** (-2.15)
学区	-0.036 (-0.51)	-0.036 (-0.51)	-0.033 (-0.47)	-0.033 (-0.47)
常数项	9.135*** (88.04)	9.828*** (94.72)	9.147*** (88.14)	9.840*** (94.81)
样本量	52	52	52	52
R^2	0.6910	0.6910	0.6876	0.6876

注：*、**、*** 分别表示在1%、5%、10%的水平上显著。

最后分析重庆地价影响因素。回归结果如表4-3所示。被解释变量选取与处理与前面相同，同样做了四个回归。回归结果显示，同一季度楼面价或地面价的回归系数有一定差异，但同为楼面价或地面价的回归系数基本一致。回归1和回归3是按楼面价做的回归，至观音桥距离与楼面价呈负相关且高度显著，说明观音桥具有中心特征，而至解放碑距离对楼面价影响则显著为正，似乎中心效应反而是负的，这是由近年来重庆居住区位由传统中心向观音桥等北部新区转移造成的，与重庆住宅空间重心向北偏移趋势一致。至三甲医院以及地铁口的距离对地价均无显著影响。重庆的学区房变量对住宅楼面价没有显著影响。

回归2和回归4是按地面价做的回归，至观音桥距离影响系数同样为负，但显著性比上面两个回归稍弱，而至解放碑的距离影响系数虽为负，但不显著,这进一步表明,重庆住宅的地面价由于住宅中心北移,同样较明显受到观音桥中心的影响,而解放碑的影响明显减弱,以至不显著。至最近三甲医院距离以及是否为学区房的影响同样并不显著。但距最近地铁口的距离对重庆住宅地面价有高度显著的负面影响,系数均为 -0.121,是最主要的影响变量。

表4-3　　　　　重庆市住宅地价空间决定因素回归结果

变量	回归1 一季度楼面价 (vce)	回归2 一季度地面价 (vce)	回归3 二季度楼面价 (vce)	回归4 二季度地面价 (vce)
距解放碑距离	0.014** (2.08)	-0.004 (-0.51)	0.016** (2.41)	-0.002 (-0.24)
距观音桥距离	-0.023*** (-3.12)	-0.014# (-1.56)	-0.026*** (-3.45)	-0.017* (-1.88)
最近三甲医院距离	0.007 (1.04)	-0.013 (-1.33)	0.007 (1.05)	-0.013 (-1.33)
最近地铁站距离	-0.031 (-0.9)	-0.121*** (-4.13)	-0.031 (-0.92)	-0.121*** (-4.15)
学区	0.126 (1.57)	0.057 (0.70)	0.129 (1.52)	0.060 (0.73)
常数项	7.49*** (104.54)	9.17*** (118.67)	7.517*** (104.21)	9.203*** (119.31)
样本量	113	113	113	113
R^2	0.3875	0.3952	0.3919	0.3951

注:*、**、***分别表示在1%、5%、10%的水平上显著。

通过对三个城市回归结果分析,可以发现两个主要特征。一是城市中心显著存在。三个典型城市从地价来看,均呈现比较显著的中心指向特征。除了武汉由于传统原因,具有双中心外,南京与重庆的地价与中心距离关系均表现出单一的中心特征,尤其是重庆呈现出明显的住宅中心由解放碑向观音桥转移趋势。但不管哪个城市,显著的多中心格局均未形成。事实上美国诸多城市在扩张或蔓延的过程中,城市传统中心仍扮演非常重要作用。McDonald 和 Prather(1994)发现芝加哥新涌现的就业密度较高的次中心对周边地区影响的回归系数都不到城市核心的1/4[29]。McMillen(1996)的研究则发现,尽管新城市中心不断涌现,中央商务区的土地价格仍始终处于峰值状态[30]。Cervero 和 Wu

(1997)发现旧金山中心区的就业比例也达到15%,超过排名第二的著名的硅谷[31]。Giuliano和Small(1991)发现以城市蔓延闻名的洛杉矶中心仍提供了469000个就业岗位,是排名第二的次中心的两倍多[32]。二是不同城市几个主要解释变量对楼面地价影响差异比较大。说明不同城市地价差异的决定因素各有不同,重庆地价楼面价与医院、地铁口距离以及是否学区房均没有显著关系,这并非否定了基本理论或判断的影响关系,通过分析数据发现,重庆住宅地价113个观测点距租金地铁口的距离小于2公里的有95个,只有极少数距离达到3~4公里,说明重庆轨道交通布局已经比较密集,从截面上看导致地铁对地价无法形成显著影响;武汉地价楼面价与距医院、地铁口的距离均存在显著反向关系,说明武汉的地价空间结构很大程度决定于轨道交通站点以及医院空间分布特征,不过学区同样与地价无显著影响。就南京而言,距地铁口距离对住宅地价楼面价也表现出显著负面效应,但距医院距离以及是否学区房因素对住宅地价没有显著影响,说明南京市住宅地价的空间结构主要取决于中心辐射效应以及地铁带来的可达性。一个可能的解释是,对消费者而言,距地铁口近的住宅由于有良好的交通可达性,其距离医院的距离并不会是一个重要的考虑因素。

第五节

小结

一、三个城市住宅地价均表现出显著的空间相关性

比邻传统商贸中心的地价高值集聚现象仍比较显著,即随着城市规模扩大,高值区均呈现出显著空间扩散效应。其中南京已经形成连片的以传统中心为核心的高值圈层,武汉形成了哑铃型高值集聚区,仅仅由于长江分隔没有连成片,重庆的高值集聚现象也存在,高值区扩散效应弱于前两个城市。

二、空间结构变化充分反映了政府所制定城市规划的引导作用

南京市规划提出将主城区打造为整个城市高端服务业中心,推动一些工业

等功能向副城布局，使得南京城市住宅地价呈现总体显著提升以及中心区地价高值集聚区的显著扩张。重庆市城市规划提出的疏解旧城区的人口、服务与交通功能，致力打造江北新区，也对主城区空间重心向东北方向移动具有重要推动作用。武汉市根据各区位现有产业结构特征差异，提出建设6个差异化的新城组群，推动形成了差异化的住宅空间格局，在高新技术区或高端制造业区形成了颇具雏形的次中心地价高值集聚区。

三、各城市商服地价空间相关性均比较显著

全局 Moran I 指数均大于0.4，说明集聚区内的商服地价呈现高度正相关，其中南京与武汉的商服地价空间重心偏离较小，但重庆商服地价空间重心偏离较大，且与住宅地价空间重心偏离方向不一致。就商服地价水平值看，南京整体显著高于武汉与重庆，这与南京经济整体发展水平有关，不过南京的建邺区并没有如规划设想，成为南京三个核心区之一，说明城市商务中心形成受到传统因素以及产业功能水平等多方面制约。武汉总体商服地价水平低于南京，除了沿着原CBD扩散形成高值集聚区外，还形成了新的商服次中心，如依托东南部新城组群的洪山区光谷高新技术产业发展，以及南部新城组群的教育科研、机电与医药等现代制造业，表现出了商服地价的高值集聚现象。重庆商服地价总体水平比较低，而且高值相对集聚空间较小。

四、城市中心在城市发展中仍扮演重要作用

三个典型城市从地价来看，均呈现比较显著的中心指向特征。除了武汉由于传统原因，具有双中心外，南京与重庆的地价与中心距离关系均表现出单一的中心特征，尤其是重庆呈现出明显的住宅中心由解放碑向观音桥转移趋势。尽管各城市存在扩张与蔓延态势，但不管哪个城市，显著的多中心格局均未形成。当然，需说明的是，由于监测点样本布点的局限，主要限于主城区，无法对城市从更大尺度进行考察，将一些新的副城纳入分析范围，可能导致低估了外围地区的"边缘性次中心"的发展。

五、各特征因素对监测点地价影响效应存在显著城市差异

重庆地价楼面价与医院、地铁口距离以及是否学区房均没有显著关系，这并非否定了基本理论或判断的影响关系，通过分析数据发现，重庆住宅地价由于轨道交通布局已经比较密集，导致难以从截面上判断地铁对地价形成的影响；武汉住宅楼面价与距医院、地铁口的距离均存在显著反向关系，说明武汉的地价空间结构很大程度上决定于轨道交通站点以及医院空间分布特征，不过学区同样与地价无显著影响。就南京而言，距地铁口距离对住宅地价楼面价也表现出显著负面效应，但距医院距离以及是否学区房因素对住宅地价没有显著影响，说明南京市住宅地价的空间结构主要取决于中心辐射效应以及地铁带来的可达性。

第五章

城市功能与产业效率：理论及文献

第一节 相关概念

一、城市功能

(一) 不同学派城市功能概念

对于城市功能内涵的认识，不同的学科、流派由于其研究方向和着眼点的不同，都有独特的认知。城市经济学认为一个城市的产业和主要功能发展在于该城市所拥有的规模经济效益，其具体显现在区域经济效应和集聚效应上，并且认为城市功能的发展取决于构成整个城市网络的经济规模的大小、生产要素的充裕度上，例如劳动力是否丰富、土地资源是否充裕、市场是否足够庞大等；城市社会学中的城市功能则强调其对于整个人类文化的保全、整合、传承和创新上，指出作为一种特性或能力，城市功能对于一个国家或者地区的各种经济、政治、文化活动中所起的作用体现了它的这种特性；城市管理学则认为城市功能其内涵主要体现在其对于产业的承载性、依托性、中心主导性以及职能特殊性上；城市地理学和城市规划学则认为城市功能实际上是指某个城市在其所处国家或地区中所能、所应该起到的作用或者说是指该城市在该地区城市分工中所应该承担的角色。

(二) 本节中城市功能含义

城市功能是指城市在一定经济社会发展条件下以及一定区域背景下通过各

种作用力对城市自身和城市周围相关区域的要素进行合理地统筹、组织、协调以及引导使其形成相互作用与相互制约的运作系统,通过各种运作系统使城市和相关区域得到合理运行。各种功能作用力包括吸引力、排斥力、集聚力、引导力、合作力等作用力,各种要素包括生产要素、流通要素、商贸要素、文化要素、管理服务要素等方面。

二、城市功能分类

对城市功能的研究早期开始于对城市功能的分类研究,并且研究过程经历了从定性描述研究到数量描述研究的过程,并且在这一过程中城市功能种类越来越多,分类依据越来越复杂,究其原因,其背后是城市生产力不断推动的结果。最早对城市功能进行定性描述研究的是奥隆索(1921),根据不同城市所体现的职能差异,以及这些城市在国民经济中的地位,他将城市功能简单地划分为六大类,包括行政、防务、文化、生产、交通和娱乐功能;之后,哈里斯(1943)将城市功能划分为十个类别,通过对不同临界值的划分将美国主要城市划分为了制造业类,零售商业类,批发商业类,运输业类,矿业城市类,大学城市类,综合城类,娱乐修养类,政治中心类;这一时期对城市功能类别的研究成果大多是对城市功能展开描述性分类研究,虽然在具体的城市功能类别上存在一定的差异,但是其实质仍旧是描述性分类。伯纳尔(1953)、纳尔逊(1955)、韦布(1959)、亚力克三德森(1956)、麦克斯韦尔(1965)、皮多特和萨默(1974)等,也对城市功能类型划分的科学方法进行了探讨。

国内最早展开城市功能体系研究的是孙志刚(1998)的《城市功能论》,他用马克思主义城市观为指导,运用历史和逻辑相统一的方法,从抽象到具体、从内在到外在分析了城市功能系统的产生、发展、和演进的历史过程。具体来说,城市对内功能可以分为生态功能和社会功能,社会功能进一步可以划分为政治、经济、教育、文化等功能。肖周燕(2015)在对京津冀城市群进行研究过程中,将城市功能划分为8项基本功能,包括有资源中心、工业中心、建筑中心、交通中心、商业中心、金融中心、文化服务中心和行政中心8项基本功能。

三、制造业效率

目前学术界对于制造业效率的概念还没有一个统一的界定，但是溯本求源，可以发现众多学者对于制造业效率的研究开始于对生产率、全要素生产率的研究。在早期对制造业效率的研究中，虽然没有给出明确的效率定义，但是其思想却包含在其中。在《国富论》一书中，亚当·斯密从微观层面上分析了劳动分工对手工业的影响，其中亚当·斯密所分析的劳动生产力其实质就是劳动生产效率；在亚当·斯密之后，萨伊也分析了劳动分工对劳动生产效率的影响，差别在于后者是从宏观层面上论证了分工对劳动生产效率的影响。

到了19世纪70年代初期，"边际三杰"分别用各自的边际效用理论提出了资源配置效率标准，该标准的建立必须要满足三个条件，而这三个条件显现了边际效用理论对于效率的认识和研究；第一个条件是：在从事某一特定的经济活动时，所使用的某种资源每单位的配置效率会随着该资源所产生的经济利润而逐渐降低；第二个条件，由于资源具有稀缺性，同一资源在不同的部门所产生的利润会有差别，而出于利己心理，资源会从利润较低的经济活动转向利润较高的经济活动；第三个条件，资源能够自由流动，不受任何限制，与此同时，不存在信息不对称的情形，且市场充分竞争。满足上述条件之后，由于资源在不同部门间的流动，各个部门间的资源配置效率会不断地发生变化，直至所有的部门达到一个稳定状态，即各部门最后一单位资源所提供的利润是相同的，此时所达到的状态就是资源配置效率最优的状态。

与古典学派相同，英国经济学家庇古同样对效率标准进行了研究，其中资源配置效率标准就是边际私人收益和边际社会收益达到均衡；在福利经济学中，帕累托效率成为了帕累托对于效率的最明确的定义，它实际上是资源配置效率所能达到的"最优状态"的一种追求；技术效率概念最早是由 Koopmans（1951）提出，他将其定义为：当技术条件给定时，当任何其他产出不减少时，现有产出也无法增加；或者是当其他投入不减少且不增加现有的任何投入的情况下，这时的产出就是技术有效的；莱宾斯坦（1966）在 X 效率理论中从产出的角度对技术效率概念进行了定义：当不同的投入要素组合所面临的市场规模和市场价格相同时，DMU 的实际产出和在该技术水平条件下所能达到的最优产出间的比值就是技术效率；在技术效率理论中，技术效率被认为是边界生产函数中当投入要素相同的情况下，实际的产出量与"最佳状态"下得到的最大产出量之比。技术效率进一步又可以被划分为综合效率、纯技术效率和规模效率。结合本节研究对象，制造业效率可以被界定为：在制造业企业生产过程中所投入的一定数量的生产要素能获得制造业产出或产品（也可以说是制造业企业为了获得一定数量的产出或产品所要投入的生产要素）。本节中制造业效率的研究主要时间为 2008～2017 年，为固定的时间跨度，本节研究的制造业效率主要包括技术效率、纯技术效率和规模效率三个部分。技术效率可以分解为纯技术效率与规模效率，本节将纯技术效率定义为企业由于管理水平的提升或技术水平升级等所导致的生产效率；规模效率为企业生产规模变化而引致的生产效率。

第二节
文献回顾

一、制造业效率测度

对于制造业效率的测度，从研究方法来看，库马尔（2006）利用非参数法，对印度多个地区的制造业进行全要素生产效率测算，发现印度改革前后技术效率增长动因发生了转变。Hessian 和 Karuturant（2013）采用极大似然比估计方法分析了本国制造业各细分子行业的技术效率，得出了资本密集度对于企业技术效率有着显著的正面影响的结论；Robert 和 Kumar（2002）利用 DEA 得出了美国国内制造业劳动生产率的提高实际上是由于物质资本的不断投入；并且将全要素生产率进一步细分为了技术效率和生产效率。Lidia Angulo–Meza（2018）则利用 DEA 对美国国内的工业和制造业效率进行了测度，得出了自 2015 年以来美国国内制造业和农业两者间效率的提升有正向关联关系。Suganthi L（2018）则从制造业可持续发展的角度出发，利用 DEA 对未来的智慧城市制造业的发展提出了一系列的建议，包括有内外环境建设、税收制度改革、行政管理的改善等。Finn R. Frsund（2018）则从能源消耗的角度利用 DEA 来分析当前美国煤炭工业的生产效率，他发现目前石油行业效率由于人力资本优化而得到了提升。就国内学者研究成果而言，韩晶（2010）采用随机前沿方法对我国三个类别的制造业企业的创新效率进行了研究，其研究结果发现不同类别的制造业企业创新效率存在显著的差异；赖永剑、周建华（2011）则通过建立加入了俱乐部这一异质性要素的潜类别随机前沿模型来分析我国制造业技术效率，当技术前沿存在差异时，生产函数也会有巨大的差异；黄凌云、李星、鲍怡（2011）利用我国 1999～2007 年制造业分行业数据，采用随机前沿分析方法和 DEA 方法分别测算我国制造业技术效率，通过测算结果进行对比发现，后者的效率估计值比前者的结果略大，并且在效率测算排名上存在差异，但是两种方法的变动方向一致，都为正向。李双杰、王海燕、刘韧（2006）利用 DEA 对制造业不同行业技术创新资源使用情况进行分析，发现了在技术创新过程中资源配置效率普遍低下这一问题，认为这种状况会制约技术创新乃至整个制造业的进一步发展，所以改善投入的人力和财力配比是应当关注的问题之一。郑珊珊、樊一阳、刘华珍（2010）利用数据包络分析即 DEA 方法对我国高技术产业的 15 个具体行业在 2004～2007 年的技术创新资源配置效率进行分析评价，并且对各行业的效率进行了纵、横向比较分析，同样采用 DEA 方法对制造业效率进行测度的学者还有胡晓娟（2008）、杨桂元（2008）、杜文忠（2018）、王珍珍（2017）等。

综合来看，国内外学者对于制造业效率测度研究方法的选择大多为数据包络法（DEA），部分学者采用了参数分析法，但是从已有文献来看，参数分析法大多用来研究单一投入—产出问题，并且在参数选择上存在一定的主观性，会对效率测度结果的客观性造成一定的不利影响，因此本节制造业效率的测度方法采用的是 DEA。

二、基于城市视角的制造业效率影响因素研究及城市

基于城市视角对制造业效率影响因素的研究，目前学术界研究成果颇

丰，本节主要从研究方法、研究内容、研究结论三个方面对这方面文献进行梳理分析。从研究方法上来说，目前对制造业影响因素的研究主要可以分为基于SFA和DEA方法的制造业效率影响研究。Clara Inés Pardo Martínez（2009）则利用SFA分析了德国莱茵—鲁尔城市群和哥伦比亚的制造业效率，他认为在1988~2005年，两国的制造业效率都得到了很大的提升，但是哥伦比亚制造业效率提升幅度要低于德国，在研究中他发现能源是影响两国制造业效率的关键，德国的能源利用率要比哥伦比亚的能源利用率高3.2个百分点。K. Hitomi（2004）分析了日本1955~2000年大阪都市圈、名古屋都市圈的工业和制造业的发展效率，他通过DEA方法分析了产量、相对生产率、劳动生产率和效率指数这四个指标的变化规律，他认为日本过去几十年内由于城市化水平一直处于相对较高的范围，其城市圈内部对于高素质劳动力的吸引程度要远高于日本国内其他城市，这就导致了劳动效率要远远高于国内其他地区以及其他国家，并且初级工业和二级工业的效率同样如此。Yukako Murakami（2010）同样采用DEA方法对日本的制造业进行了研究，他发现日本制造业企业效率之所以能够得到快速提升的关键在于不同企业间、不同国家间的技术溢出，并且他认为日本国内企业间的技术溢出对于制造业效率的提升要远远高于国家间的技术溢出。Kneller、Manderson（2011）则从环境管制和创新角度入手，他们通过建立一个具有创新行为的动态模型，将传统企业和高新技术企业作为研究对象，通过对英国2000~2006年的数据研究发现创新行为和环境管制对于传统企业制造业效率的提升要更明显，且其效应为正，但是并没有确切的证据表明资本累积是否会受到创新行为和环境管制的影响。邱斌、杨帅、辛培江（2008）是国内较早研究制造业效率影响因素的一批学者，他们采用Malmquist指数方法来分析FDI与对制造业的规律，结果表明FDI对制造业内资企业有完整的技术溢出效应，并且这种正向溢出效应主要是由后向关联技术进步产生的，而前向关联效应不存在技术溢出效应。王滨（2010）利用1999~2007年中国制造业27个子行业的面板数据来分析FDI对制造业效率的影响效果，他的研究表明前向关联对技术效率的影响显著为正，而后向关联只能得出有显著的正效应，而横向溢出效应不显著。石腾超、邹一南（2014）则从国内东中西部制造业效率差异入手，采用基于DEA分解的Malmquist指数法分析我国东中西部制造业效率存在差异的原因，在其研究中发现了东中西部制造业效率提升的影响因素存在差异，东部制造业效率要受到 FDI 和外汇汇率的影响。柴志贤（2016）则从城市功能专业化入手，通过实证检验市功能专业化对产业效率的影响。研究结果表明，城市功能专业化显著推动了生产性服务业的效率增长，而对工业效率表现一定的抑制效应，长三角、珠三角和长江中游的城市群功能专业化对工业效率具有显著的抑制作用，但京津冀城市群的功能专业化对工业效率的抑制效应不明显。

综合来看，国内学者对于制造业效率影响因素的研究主要采用的方法为 SFA 和 DEA 两种，在处理单一投入——产出问题时采用的是 SFA 方法，这一方法利用生产函数来构造生产前沿面，并采用技术无效率项的条件期望来作为技术效率，其结果受特殊点的影响较小且不会出现效率值相同且为 1 的情况，可靠性、可比性更好，采用这一方法的学者还有周春应（2008）、侯强、(2008)、朱波（2009）、杨姝琴（2016）等；而处理多产出问题时主要采用的是 DEA 方法，国内同样采用这一方法的还有李双杰（2006）、胡小娟（2008）、万兴（2007）、吴和成（2011）等。

从研究内容来看，对于制造业影响因素的研究可以分为：（1）城市内或城市群内部不同行业对制造业效率的影响研究；（2）城市内或城市群内各生产要素集聚或分散对于制造业效率的影响研究；（3）其他因素对制造业效率的影响研究。对于不同行业对制造业效率的影响研究，近十年来国内外文献成果最多的是城市内部或城市群内各区域生产性服务业对制造业效率的影响研究。

Francois（1990）、Diaz（1998）通过研究制造业的垂直分工后发现，生产性服务业与制造业间关系密切，两者存在着相互依存的关系。Andersson（2004）则从数学函数关系入手，认为两者间的空间分布存在一定的函数规律，并且存在着显著的联动效应，制造业企业可以通过利用距离自身较近的生产性服务业企业来实现自身规模报酬的提升。江静、刘志彪（2007）认为由于生产性服务业是由制造业中分离出来的，不管是从分离的初衷和结果来看，由于专业化生产的存在，进一步降低了企业的生产成本，增加了企业的产品生产效率，进而促进了制造业效率的提升。冯泰文（2009）则利用中介变量交易成本和生产成本来分析制造业效率提升和生产性服务业间的内在机理，通过对1999~2006年28个制造业细分行业的面板数据的分析，得出生产性服务业的发展对于制造业效率的提升有着显著的影响，其中对金融业的影响最为显著。刘明宇、芮明杰、姚凯（2010）则从生产性服务业和制造业协同演进角度出发，认为企业制造业价值链上存在着不同的网络关系，企业通过外包活动来实现规模经济运营效率的提升，从而实现关系性和结构性上的价值链资源配置效率的提升，从而推动了生产性服务业和制造业效率的协同、提升、演进，实现制造业企业的更新换代。并且生产性服务业企业和制造企业形成事实上的特殊社会关系，这种关系能提供比一般的市场交换更高的消息交换效率和知识溢出效应。孔婷、孙林岩、冯泰文（2010）则利用1996~2007年的时间序列数据，采用层级回归法来对两者间的关系进行了实证研究，研究结果表明生产性服务业的快速发展对制造业效率的提升有着显著的影响，但是这种影响并非直接作用于制造业，而是通过生产线服务业对制造业创新能力、人力资本存量以及经济发展水平来进行间接促进的。具体来说，生产性服务业中的交通运输业、物流仓储业、邮电通信业如果发展水平较高，其对于制造业效率的影响也更为显著，但是金融保险业对于制造业效率提升的影响则不是很显著。

张振刚、陈志明、胡琪玲（2014）对于生产性服务业和制造业效率关系的研究则更为深刻，他们从专业、时间、空间三个维度入手，发现生产性服务业的发展不仅对制造业效率的提升有显著的关系，并且从空间维度上来说，提升的不仅仅是本地区制造业效率，还有溢出效应，能够显著地提升邻接或不邻接地区的制造业效率；从时间维度上来说，生产性服务业对于制造业效率的影响存在时间规律，2006年前，生产性服务业对于制造业效率的影响呈现逐渐增强的趋势；2006年之后呈现下降趋势，与此形成对比的是，制造业发展水平、制造业信息化程度以及空间相关性在此后对于制造业效率的影响一直呈现增强趋势。国内同样关注两者间关系的学者还有余泳泽（2016）、简晓彬（2016）、方道（2016）、杨桂元（2008）等。还有部分学者研究其他行业对制造业效率的影响研究。例如，梁红燕（2015）认为物流业发挥程度的高低对制造业生产成本、交易成本、技术效率有着显著的影响；郑陶、苏朝晖

(2015)则认为科技服务业对于制造业效率有着显著的正向效应;曾兴(2015)、李晓慧(2015)则关注流通业对于制造业效率的影响,在其研究中发现流通业水平的高低与制造业效率水平的高低有着显著相互促进现象,这一点印证了王俊(2011)对两者间关系的研究。

从生产要素角度来说,对生产要素与制造业效率关系的研究成果也非常多,这部分研究主要关注的是劳动力、科学技术与制造业效率的关系。黄月(2015),刘星峰、徐文俊(2016)研究了科技与制造业效率增长间的关系,认为制造业效率的快速增长有赖于科技投入的不断增长,科技投入对于制造业有着显著的正面促进作用;王晓鹏(2007)、辛永容(2010)、鞠士奇(2013)、吴业斌(2014)、袁胜超(2017)则关注劳动力成本不断上升背景下制造业的表现情况,这些学者认为劳动力成本的不断上升导致了我国东部地区制造业企业的生产成本的增加、平均利润的降低;王恬(2008)、孙文杰(2009)、沈坤荣(2009)、郑江淮(2009)、高伟凯(2010)则认为人力资本水平与制造业效率有着密切的关系。

其他对制造业效率影响因素的研究成果还包括有:黄凌云、鲍怡(2009)认为制度特征的匹配程度对于制造业效率有着一定的影响;周应堂、刘霞、杨红锋(2010)认为优异的企业文化对于制造业效率提升有一定的促进作用;肖国东(2014)认为产权配置会对制造业企业生产效率产生一定影响。综合来看,目前对于制造业影响因素的研究大多是基于城市经济集聚理论、交易成本理论、专业化分工进行的,影响因素包括不同行业的、不同生产要素类的,还包括税收、制度、产权等单一要素。这些研究成果大多是以城市或城市群为对象而得到的,但是关于城市功能对制造业发展及其效率影响的研究较少。

三、文献简评

对上述研究成果综合来看,目前学术界对于制造业效率评价以及影响因素的研究成果已经很丰富,这些学术研究成果为本书的研究提供了重要的参考价值和理论依据,但是前人的研究成果有一定的局限性。

就制造业效率评价研究而言,目前国内学者大多针对省级制造业效率进行评价研究,对地级市制造业效率研究较少,针对城市群内部地级市效率研究相对较少;国内学者主要针对制造业下属子行业进行效率评价,从生产要素、产业联系角度进行制造业效率评价的文献较少。

就制造业效率影响因素而言,目前国内学者主要是从产业联系来研究制造业效率的影响因素,例如研究信息产业、生产性服务业等对于制造业效率的影响,并且从城市角度研究制造业效率的大多从空间结构、产业结构展开,从城市功能角度研究制造业效率的文献相对较少。

综上所述,本书将从城市功能(综合功能、分功能)角度出发研究其对制造业及不同类型的制造业的效率的影响,为制造业效率影响因素研究提供更多的素材。

第三节

城市功能对生产率影响机制

如前所述,城市功能是一系列要素的有机组合。这种组合会通过一系列途径作用于城市产业的发展过程。首先是集聚效应。城市功能的优化为产业集聚创造了良好条件,公共服务功能的优化能吸引优秀人才,为产业集聚提供了人才基础,生产性服务功能集聚为制造业等产业发展提供了配套服务,促进产业发展,交通功能的发展则是产业集聚的重要基础,降低了产业运输成本,增进区位优势。其次是城市功能本身会增进城市交易效率。城市的重要职能之一就是交易,由于人口密集,城市交易效率往往更高。而城市功能优化,可以通过多个渠道进一步提升交易效率。城市功能优化还具有生产效率效应。根据生产理论,产出水平决定因素除了资本与劳动,很大程度取决于全要素生产率水平。全要素生产率与城市功能有着密切关系。最后,城市功能还具有显著的外部性效应,促进产业发展,提升产业效率。

城市功能的核心表现是集聚特征。在区域经济学这一学科出现之初,区域经济学家就意识到城市与集聚经济之间存在重要的联系。斯密在其理论中提出不同类型的企业和不同类别的劳动力如果集中于一个大城市中,对于双方来说可以获得额外的外部性经济收益，马歇尔（1920）在《经济学原理》一书中，首先对集聚经济的概念进行了系统阐述，他认为集聚经济效应形成要有三个基础，一是资本投入的共享，包括现代化基础设施的共享、共用，专业化投入的共享效应；二是知识外溢的存在，他认为产业集聚区的空气中都弥漫着知识，在其中可以更方便学习到各种专业化知识；三是劳动力的蓄水池效应，大量生产同类产品企业集聚，导致大量具有相似知识与经验劳动力的集聚，形成了劳动力蓄水池。他的经济思想后来被广泛地应用到城市研究当中，早期的城市研究者利用他的规模经济和外部性概念来解释城市的形成和发展，并且通过对上述两个概念的应用提出了城市经济的产生源于外部性（林金忠，2007）。

到了20世纪60年代，城市经济学家为了进一步分析集聚经济对城市生产、交换、城市空间结构、产业结构的影响，将城市研究模型与集聚经济融合，并将城市作为一个经济整体来进行研究（Mills，1967；Henderson，1988；Goldstein and Gronberg，1984）。随后，城市经济学家（Helsley and Strange1990；Krugman，1991；Fujita et al.，2002；Duranton and Puga，2003）在Marshall相关研究的基础上进一步了完善了他的学说，对城市集聚经济理论的微观机理进行了补充和完善，并在此基础上众多学者对于城市集聚经济的研究各有差异。部分学者认为城市集聚经济取决于收益递增、垄断竞争和交易成本，这是从一般性的外部性来对城市集聚经济进行研究；部分学者对城市集聚经济的微观机制进行了概括，认为是专业化分工、中间投入品的共享、劳动力共享实现了城市内部各企业和劳动者间的共享机制、学习机制、匹配机制；还有部分学者通过构建集聚经济的分析框架来对经济活动地理集中的原因进行了分析，认为规模经济导致生产集中，追求通勤成本的降低导致了人口的集中，追求运输成本的降低导致了集聚经济的产生。这些学者的研究成果虽然具有一定的局限性，但是却为后续经济学家对城市的研究提供了重要的启示和参考（赵红军，2006）。此外，对于城市集聚经济的研究目前还存在着地方化经济和城市化经济的是否应区别对待分析的争议，Hoover（1937）对集聚经济的类型进行了划分，将其分为地方化经济和城市化经济；其中地方化经济被认为是由于众多企业在同一城市区域集中、布局于同一产业部门，其单位生产成本会降低，最终获得专业化集聚结构的外部性收益。Arrow（1962）、Romer（1986）对这部分理论进行了完善，与 Marshall 的集聚经济理论并称为"MAR"型集聚经济。而城市化经济是指不同的产业部门向某一区域集聚，不同的企业都可以从众多产业集聚所导致的多样化中获取外部性收益，这部分收益主要来自知识外溢和技术创新，这部分理论是由 Jocobs（1969）提出，因此被称为"Jocobs"型集聚经济。事实上，这两种类型经济的实质是专业化经济和多样化经济对于城市经济增长的不同影响的具体表现。

一、城市功能对交易效率的影响

对于交易效率的研究最早可以追溯到亚当·斯密的《国富论》，他认为在城市商业交易中，水路运输效率要比陆路运输效率更高，所以一般来说大城市都发轫于大河周边；随后，杜能在《孤立国同农业和国民经济的关系》一书中指出，交通运输费用对城市空间以及生产经营、商业活动有着重大的影响；韦伯在《工业区位论》中提出运输区位法则，以制造业企业为例进行了讨论，指出企业生产成本最低的地点必然是运输成本最低的地点。进入 20 世纪 80 年代，交易效率含义进一步丰富，新兴古典经济学家杨小凯（1985）首次提出并应用这一概念，在继承新古典经济学强调运输技术、设备以及基础设施对于运输成本的作用的基础上，认为政治制度、商业规则、专业市场等对于交易效率的影响。交易效率影响因素进一步增加。因此，综合来看，交易效率是指一定时间范围内，某区域经济体开展商业活动或生产活动、交易活动的速度快慢或效率高低，其本质为投入——产出关系。其影响因素包括有运输成本、专业市场的构建、商业规则等。

具体来说，城市交通中心功能以及金融中心功能会提高制造业的交易效率。企业由于交通条件的改善，其运输成本会显著降低，进而制造业企业会减少企业的库存（李涵、黎志刚，2009）。因此从城市交通中心功能来看，功能的提升能够有效地降低制造业企业的运输成本。一般来说，城市交通中心功能如果得到改善或明显提升，其交通运输工具数量、质量、基础设施、地理区位条件都会比较优越，那么基础设施优良、运输工具众多、地理区位条件优越的城市其制造业运输成本势必会较低，这是从时间以及空间两个方面降低了制造业企业的运输成本；这一点在樊秀峰、康晓琴（2013）对于陕西省制造业的研究中得到体现，作者认为运输成本的降低可以显著地促进产业的集聚，进而提升陕西省装备制造业的效率。其次，根据交易费用理论，认为交易能否顺利达成以及达成数量、质量的高低取决于可供交易的物品和服务的有无、多少，这是影响交易的第一组因素，即"交易因素"（威廉莫森，1977）。一般来说，城市中心功能明显的城市由于集聚经济的存在，其可供交易的商品或服务的市场规模一般都会较大，这也就意味着制造业企业寻找交易对象以及交易商品的搜寻成本将会降低，并且降低因信息不对称而导致的"有需求而无供给"的情形（林毅夫、潘士远 2006），这都会在一定程度上提高制造业企业的交易效率。此外，由于信息不对称的情况的减少，这将极大地减少因其存在而导致的道德风险问题和逆向选择，极大地提升制造业企业的交易信心，提振制造业市场积极性（潘士远、史晋川，2004）。最后，交易技术的优劣以及提升也会对制造业企业的交易效率产生影响（迪特里希，1999）。交易技术是指商品包装、货品保管、仓储、运输、物流管理等方面的技术。一般来说，在城市发展过程中，交易技术会随着城市等级的提升而不断优化（何一鸣、罗必良，2010），对于城市交通中心功能显著的城市更是如此，换言之，城市交通中心功能越显著的城市，其交易技术水平也就越高；先进的物流技术将极大地提升制造业企业的商品包装、运输、仓储的效率，节省大量的物流时间，降低流通成本，制造业企业的交易效率自然提升（克劳奈维根，2002）。交易技术对于交易效率的影响同样适用于城市金融中心功能。一般来说，在制造业交易过程中，金融业扮演着为制造业企业双方提供融资、款项结算、信用证、保险、资本运作、衍生品等服务供应商的角色，这些服务的提供有赖于金融技术的支持，例如信用卡、电子银行、数据库建设、网络终端建设等（戴文华，1997）。而城市金融中心功能显著的城市，其金融技术支持水平也会更为先进，这将极大地增加制造业企业的交易对象数量，提高交易质量，进而降低交易成本。此外，现代制造业企业可以分为技术密集型和资本密集型企业，企业在发展、壮大过程中需要大量的资金支持。而城市金融中心明显的城市一般拥有数量众多的金融服务提供机构，例如银行、投资银行、证券公司、保险公司等，这些数量众多的金融机构可以为制造业企业提供众多的金融服务，为制造业企业输血等；最后，城市金融业的发展可以有效地促进城市的发展。城市金融中心功能显著，那么金融活力能发挥更好的效用，这对专业性市场的交易成本的减少有着积极的作用。因此，综合来看，城市交通中心功能和城市中心功能能对交易效率的提升产生积极影响。

二、城市功能对生产效率的影响

生产效率是指企业在生产过程中以固定投入来获得一定产品的两者间的比率。效率的高低不仅受到要素投入比例的影响，还受到内外生产环境等因素的影响，对于制造业企业而言，其最大的外部环境就是其区位所在的城市，因此研究城市功能对于制造业企业的生产要素的影响是很有必要的。城市工业中心功能对于制造业企业生产效率的影响，其实质是通过地方化经济和城市化经济来体现的。

（一）利用中间投入品的规模经济

对于制造业企业而言，由于它们在特定地区的集中，势必会形成制造业企业群落，这些制造业企业所需购买的大量中间产品可以从同一个供应商手中购买，这种制造业企业的空间集聚自然会导致中间产品供应商进行专业化生产，这些中间产品供应商的规模经济得到提升，企业生产成本得到降低（范剑勇、石灵云，2008）；而对于制造业企业而言，他们可以通过共享中间产品供应商来共享中间产品供应商成本的降低，并且中间产品的存储成本、运输成本也得以减少。此外，制造业企业的大量集聚可以帮助这些企业共享部分中间产品，进一步降低企业的生产成本。

（二）劳动力市场效率的提升

对于制造业企业来说，在空间的相对集中有助于制造业企业提高利用劳动力市场的效率。对于制造业企业而言，在普通的劳动力市场获取符合企业要求的劳动力要比在共享劳动力市场上获取符合企业要求的劳动力成本要更高，这些成本较低的劳动力可以有效地帮助企业扩大生产，因员工离职而导致的岗位空缺可以得到快速填补，并且由于存在共享的劳动力市场，导致大量的熟练工人为了获取工作产生竞争，这会降低劳动力的工资要求。并且这些熟练工人免去了企业招聘新员工时的培训成本，这也会激发制造业企业提升企业扩大生产、提升产业规模的信心（陈良文、杨开忠、吴姣，2006）。对于共享劳动力市场上的居民而言，其寻找新工作的搜寻成本会更低，其获取工作岗位的机会也会更多；并且由于制造业企业相对集中，居民的通勤成本以及求职成本也会更低，这会吸引更多的劳动力聚集，这又对劳动力市场的繁荣以及效率提升产生推动作用，两者相互作用，相互促进（石灵云、刘修岩，2008）。

（三）信息和技术的传递

对于制造业企业而言，他们在特定空间的集聚会为企业间以及企业员工间的信息交流以及技术扩散提供更为优异的传递条件（EL Glaese、HD Kallal、JA Scheinkman、A Shleifer，1992）。这些制造业企业间大多会有各种各样的正式以及非正式的交流，这些交流以及会面将产生各种各样的想法、技术等知识，这些知识对推动新产品和新技术的出现有着非常大的助益，它们实际上扮演了新知识、新产品、新技术孵化器的角色；并且在交流过程中也会推动新技术的传播以及扩散，有助于同类的制造业企业获取这些新技术，帮助同类制造业企业获取正的外部性收益（V. Henderson，1995）。

（四）公共服务和基础设施的共享

大量制造业企业的空间集聚可以共享区域范围内的基础设施以及政府部门所提供的公共服务。一般来说，公共产品以及基础设施具有外部性，如机场、港口、铁路等，这些基础设施投入大、收益周期长，单个制造业企业无法承担起建设成本，且这些设施无法分割。对于公共服务而言同样如此，制造业企业一般企业员工众多，需要大量的公共服务（学校、商场、旅店、消防娱乐设施等），这些也是单个制造业企业无法提供的。所以制造业企业的集聚，有助于实现公共服务和基础设施的共享，帮助制造业企业实现上述服务和设施的规模经济，降低平均使用成本，实现生产效率的提升（倪鹏飞、杨继瑞、李超、董杨，2014）。事实上，城市工业中心功能越明显，城市规模越大，基础设施和公共服务的数量也会越多，质量也会越好，制造业企业获取外部性的可能性也就越大，生产效率自然也会越高。

三、城市功能对竞争效率的影响

城市商业中心功能对于制造业企业竞争效率的影响可以通过城市化经济来体现。与地方化经济相比，城市经济是来源于整个城市的经济发展或进步；地方化经济来源于单独某一个行业，并且前者是后者从具体行业扩展到整个行业的结果。从本质上来说，城市商业中心功能对制造业企业效率的影响实际上就是城市化经济的结果。

（一）产业集群外部性扩大

制造业企业在地方化经济中会获取正的外部性，而在城市化经济中制造业企业会获取比地方化经济更大的外部性（苗丽静、王雅莉，2007）。在制造业空间集聚过程中，由于制造业企业在生产过程、产品售卖等行为过程中的进一步集聚，制造业企业通过范围经济和关联经济会进一步形成企业集群式的集聚，这种多样化和纵向一体化的企业集聚最终会形成一个庞大的制造业企业网络。这个庞大的企业网络不再单纯只包含制造业部门，而是通过关联经济，使得横跨多个部门、涉及多个行业的制造业企业集团开始出现，纵向一体化以及多样化使得制造业企业经营更加多样化和综合化（齐昕、王雅莉，2013）。这种多样化和综合化经营使得身处该区域或集群的制造业企业的生产经营成本更低，制造业企业的经营方式也会更加的灵活多变，企业间建立合作关系也会更为便利，而这种合作关系也会帮助企业间建立深度的信任关系，这会在一定程度上便于社会资本的积累，进一步降低社会交易成本（赵红军，2005）；此外，企业网络内部更便利于专业知识、技能的传播，并且在企业网络内部由于限制的减少以及来自上级部门的激励，新的方法、新的思想、新的技术更容易被创造，换言之，制造业企业网络是一个比地方化经济下制造业企业更大的"孵化器"，并且这些新技术、新思想会以更快的速度得以运用到实际生产中，这进一步加强了制造业企业的竞争效率。

(二) 劳动力集聚外部性扩大

城市商业中心功能越显著,那么城市的规模也会越大,城市中的人口数量以及单位人口密度也会越高,可供雇用的劳动力数量也会更多、劳动力质量也会更高,丰富的劳动力储备对制造业企业的经营造就一个非常有利的劳动力市场(贺灿飞,2011)。对于制造业企业而言,在一个城市商业中心功能发达的劳动力市场上雇佣员工可以获得以下几个方面优势:第一,薪资谈判优势,由于制造业企业可以轻易获得数量高、专业技能优异的员工,这就帮助企业在和员工和工会谈判时处于有利地位,其工资成本以及搜寻成本会得到大幅度降低;第二,生产经营的稳定优势,由于劳动力市场充沛,获取新员工的时间成本自然较低,且这些劳动力大多为熟练劳动力,企业的日常生产经营活动不会因员工离职而受到不利影响(刘修岩、何玉梅,2011),这对于制造业企业的长期稳定有着非常大的助益。

(三) 人才集聚外部性扩大

一个区域商业的繁荣,会吸引众多的人才的汇集;换言之,城市商业中心功能显著的城市,其吸引人才的能力也就越强,而人才就代表着知识和技术,代表着生产力,代表着创新。对于一座城市而言,众多人才的聚集会形成人才集聚优势,城市会产生集聚效应,而集聚效应会吸引更多的人才,这非常有利于制造业企业引进人才。随着经济全球化以及科学技术的不断发展,现代制造业企业需要方方面面的人才,不再是过去单纯地只需要制造业领域的人才,而人才集聚优势和人才集聚效应可以帮助制造业企业充分地利用人才集聚的外部性优势;并且由于现代交通工具的快速发展,这些人才来自天南海北,有着不同的学历背景,其专业特长也不尽相同,这就为思维火花的出现提供了可能,这些专业人才可以通过技能互补、资源共享,实现新技术、新想法的迸发(张同全、王乐杰,2009);这非常有利于制造业企业创新能力的加强。最后,由于这些制造业企业享受到了城市商业中心功能所带来的各种正外部性,但是由于每个制造业企业经营战略、政策等存在差异,其所能发挥的正外部性大小也存在差异,这就会对这些企业产生激励作用，推动这些制造业企业之间开展竞争，这种内部竞争也会推动制造业企业的竞争效率（王勇，2011）。

第四节

小结

本章首先讨论了制造业效率的内涵，简要回顾了制造业效率的随机前沿测度法、基于 DEA 的非参数方法，注意到参数分析法的一些缺陷与非参数分析法的优势。

接着就城市对产业效率影响，从研究方法、研究内容、研究结论三个方面进行了文献梳理，并做了简要述评。从研究内容来看，对于制造业影响因素的研究可以分为：城市内或城市群内部不同行业对制造业效率的影响研究；城市内或城市群内各生产要素集聚或分散对于制造业效率的影响研究；其他因素对制造业效率的影响研究。从生产要素角度来说，对生产要素与制造业效率关系的研究成果也非常多，这部分研究主要关注的是劳动力、科学技术与制造业效率的关系。总体看来，现有研究从城市角度研究制造业效率的大多从空间结构、产业结构展开，从城市功能角度研究制造业效率的文献相对较少。

最后探讨了城市对产业效率的作用机制，总体看来，城市的集聚效应是城市效率的重要原因。进一步看，城市集聚效应可以通过交通成本节约、服务业能力提升提升交易效率；城市集聚效应通过劳动力集聚优势、中间投入品规模经济、基础设施与公共服务经济、信息与技术传递等途径，提高生产效率；外部性优势效应的竞争效应也是城市促进产业效率提升的一个重要原因。

第六章

长三角城市功能与制造业效率现实评价

第一节 城市功能评价

一、城市功能评价方法选择

城市功能评价方法起初是通过对效用的测度体现的,即当消费水平处于一定水平时所消费的城市产品所带来的效用大小,Miyata(1997)用公式表达为:

$$Maxmize: u(c_{i,j}^1 \cdots c_{i,j}^n) + \varepsilon \tag{6.1}$$

$$subject.to: \sum_{k=1}^{n} p_k c_{i,j}^k = Y \tag{6.2}$$

公式6.2中,$c_{i,j}^k$ 表示 i 城市消费,j 城市生产的产品或服务 k 的数量,p_k 是产品或服务的价格指数,Y 是总收入,ε 是随机变量。随着研究的深入,城市功能测度方法越来越多,潘承仕(2004)曾总结城市功能评价方法,本节基于研究需要对潘承仕文中的方法进行总结,主要可以分为三种评价方法:经济分析法,主要包括有区位熵法、偏离份额分析法;专家评价法,主要包括有评分法、加权评分法、优序法;数学及运筹学方法,主要包括有数据包络法、层次分析法、数理统计方法。

尽管目前城市功能测度方法众多,但是归纳之后来看,目前主要的城市功能测度方法分为两大类,第一类认为城市功能主要包括有经济功能、社会功能和生态功能，并以这三项功能衍生出相对应的城市功能指标体系，采用的方法主要是层次分析法和数据包络法等，这一方法计算出的城市功能指标清晰明了，直观准确，但是其缺点是需要大量的数据体，难以获取；第二类是将城市功能分为对内和对外两项功能，提供将城市功能划分为不同的功能类型进行功能指标评价，不同的功能所对应的产业也不相同，通过相对应的产业来计算某项城市功能的专业化指数和多样化指数；与前者相比，这种方法数据较全，且相关数据国家和统计局都已公布，但是缺点在于结果不够清晰直观。基于数据可得性和文章的研究对象要求，本节选择的方法为第二种。确定城市功能评价指标体系的方法后，还需要进一步明确城市功能内涵，因为基于不同类型的城市功能所构建的城市功能指标结果会存在很大的不同。一般来说，城市功能主要包括有生产、流通、商贸、行政、文化、管理、服务、协调、集散、创新等功能，但是由于研究角度以及研究问题的差异，不同的学者有着不同的城市功能选择。肖周燕（2015）将城市功能划分为资源中心、工业中心、建筑中心、交通中心、商业中心、金融中心、文化服务中心和行政中心，并且利用改进的区位熵方法来测算城市功能。前面利用综合评价方法测度城市功能，本节基于研究对象和数据的可获得性，以及出于与产业发展关系研究需要，采用肖周燕（2015）的城市功能分类以及测算方法，城市功能及所属产业划分如表6-1所示，具体研究方法方法如下所示。

表6-1　　　　　　　　城市各分功能对应产业表

功能类型	所属产业
工业中心功能	采掘业、制造业、电力煤气及水生产供应业
交通中心功能	交通运输业、仓储业、邮电业
商业中心功能	批发零售业、住宿餐饮业、租赁及商务服务业
金融中心功能	金融保险业、房地产业

公式为：

$$LQ_{i,j} = (E_j^i/E^i)/(E_j/E) \qquad (6.3)$$

公式6.3中，$LQ_{i,j}$表示第i城市j行业的区位熵，E_j^i表示i城市j行业从业人员数，E^i表示i城市从业人数总数。E_j表示全国j行业从业人数，E表示全国从业人员总数。由于研究对象为长三角城市群各个城市，为了使各城市城市功能对比明显，对上述公式进行调整，假设长三角城市群各城市没有专业分工，基于该假设，i 城市期望均衡从业人数为：

$$\hat{E} = E_i \times (E_j/E) \tag{6.4}$$

期望均衡从业人数与实际从业人数之差为：

$$\Delta E_j^i = E_j^i - E = \hat{E}_j^i - E^i(E_j/E) \tag{6.5}$$

对等式两边同时除以 E 后得到改进区位熵：

$$NLQ_{i,j} = (E_j^i/E) - (E_j E^i/\hat{E}^2) \tag{6.6}$$

在改进区位熵的基础上，对城市的分功能进行计算：

$$C_i = \sum_{j=1}^{p} m_j NLQ_j \tag{6.7}$$

在公式 6.7 中，C_i 表示第 i 城市某功能区位熵，m 表示 j 功能的权重；$NLQ_{i,j}$ 表示的是该城市功能的区位熵，由于存在权重 m，为了降低主观对于结果的影响，将全部的权重设置为固定值 1。数据来源主要来自《中国城市统计年鉴》与《中国统计年鉴》。我国对于城市分行业从业人员数量的统计开始于 1997 年，且为了减少数据的波动性，研究的时间区间界定为 2008~2017 年。

二、城市综合功能测算

为了对已经获得 4 个方面的城市功能数据进行主成分分析，必须要对这些相关指标进行标准化处理，在标准化处理之前，首先要进行相关系数和偏相关系数的指标检测，在这里选择 KMO（Kaiser – Meyer – Olkin）检验统计量和巴特利球形检测。从检验结果来看，KMO 检验值为 0.700（大于 0.6），表明各指标之间有较多的共同因素。并且，Bartlett 的球形度检验的显著水平为 0.000，其高度显著，说明拒绝单位矩阵的原假设，所以这里各方面的城市中心功能数据适合做主成份分析。从解释的总方差表来看，初始特征值大于 1 的成分为三个，且累积的特征值方差之和为 81.648%，因此初始判断来看，提取前三个因子作为主因子。为了进一步判断主因子个数，采用碎石检验。一般来说具有较强的解释能力的因子一般在图中表现为较大的斜率，主因子一般在具有陡峭的斜率的线段上，而在平缓斜率上是因子对变异的解释非常小，从碎

第六章 长三角城市功能与制造业效率现实评价

石图结果来看,前三个因子都在比较陡峭的斜率上,而第四个因子开始斜率变得较为平缓,因此最终选择前三个因子为主因子。基于特征值个数以及碎石图的相关信息,设立城市功能综合评价函数:

$$F = w_1 F_1 + w_2 F_2 + w_3 F_3 \tag{6.8}$$

公式6.8中,F为城市综合功能评分值,值越大,表明城市综合功能越强;w_1、w_2、w_3分别3个主成分的权重,这里用主成份的方差贡献率替代;F_1、F_2、F_3分别为主成份的评分值。

为了进一步区分长三角城市群各个城市间城市功能的差异,采用分类分析的方法来对城市功能综合指标进行研究,由于数据为长三角各城市功能指标评分值,且各城市功能变化范围已经有所认知,在这里采用快速聚类的方法。在这里首先将4个城市功能作为初始的聚类中心点,再根据距离最小的原则将各个功能值分配到聚类中去,通过对各个观测量平均值的观察来判断其是否收敛,一旦收敛则达到分析目的。从迭代历史记录结果来说,到第三次迭代时已经收敛为零,所以将长三角城市群中各个城市分为三级。

就城市功能分功能评价结果来看,不同城市间的不同分功能、同一城市的不同功能差距都比较大。例如,上海市的各项分工能都较为显著,其中交通中心功能均值为1.987;商业中心功能均值达到了5.578;金融中心功能均值达到3.339;工业中心功能均值1.679;除工业中心外,其他各项城市分工能在长三角26个城市中都处于首位,且领先优势较为明显。例如,金融中心功能排在第二位的是杭州市,其金融中心功能均值为仅2.443;交通中心功排在第二位的是南京,交通中心功能均值为1.603;商业中心功能排在第二位的为南京,其商业中心功能均值为4.283。从各项功能最小值来看,上海市金融中心功能、商业中心功能均值几乎是池州、宣城的两倍以上。这说明了在长三角城市群内部、各城市城市发展水平、经济发展水平差距相对较大,这也揭示了未来长三角城市群协调发展之路必然是漫长的。

就各省城市分功能来看,长三角城市群主要包括有江苏省、安徽省、浙江省和上海市。从各省的情况来看,江苏省内各城市间城市分功能分布呈现苏南强于苏中的特点。从商业中心功能均值来看,苏南五市(苏州、南京、常州、无锡、镇江)普遍在2以上,其余各市商业中心功能均值都小于2;从金融中心功能来看,苏南五市大多在1.5以上,其余各市金融中心功能均值在1.5以下。

从不同的省来看,上海市各项城市分功能要普遍高于江苏省、浙江省。浙江省和江苏省各项城市分功能要比安徽省更显著。就江苏省和浙江省各项城市分功能来看,两者各项均值比较接近。从各项功能空间分布来看,一个较为显著的规律是离上海市较近的城市其各分工能均值水平普遍高于离上海市较远的各城市的城市分功能,详细情况见表6-2。

表6-2 城市分功能十年均值表

城市	工业中心功能	交通中心功能	商业中心功能	金融中心功能
上海	1.697	1.987	5.578	3.339
南京市	1.843	1.603	4.283	1.737
无锡市	2.591	0.662	2.619	1.510
常州市	2.263	0.869	2.446	1.687
苏州市	2.760	0.460	1.682	1.325
南通市	1.835	0.576	1.196	1.390
盐城市	1.941	0.644	1.936	1.670
扬州市	2.410	0.550	1.505	1.207
镇江市	2.711	0.785	1.907	2.033
泰州市	1.804	0.565	1.976	1.643
杭州市	1.462	0.869	4.184	2.443
宁波市	2.099	0.810	2.626	1.997
嘉兴市	2.952	0.413	2.244	1.748
湖州市	2.537	0.556	1.662	1.771
绍兴市	1.650	0.287	1.151	0.839
金华市	1.423	0.689	2.132	1.572
舟山市	2.114	1.797	5.438	2.395
台州市	1.745	0.422	1.748	1.951
合肥市	1.747	1.304	2.646	2.073
芜湖市	2.197	1.458	1.484	1.640
马鞍山市	4.858	0.597	1.352	1.622
铜陵市	2.635	0.597	1.367	1.534
安庆市	2.574	0.714	1.719	1.895

续表

城市	工业中心功能	交通中心功能	商业中心功能	金融中心功能
滁州市	1.921	1.010	1.166	1.616
池州市	1.878	0.623	2.261	2.705
宣城市	2.137	0.642	2.412	1.905

数据来源：《中国城市统计年鉴》（2008~2017）、《长江三角洲城市群年鉴》（2008~2017）。

为了进一步研究长三角城市群各城市的城市功能差异，利用城市综合功能评价函数（肖周燕，2015）来对长三角城市群各城市综合功能进行评价。其中，综合评价值大于0.08为第一级别城市；评价值大于0.06、小于0.08的为第二级别城市；小于0.06为第三级别城市。

从城市综合功能均值来看，一般来说，第一级别的综合功能十年均值相对较高，第二级别的综合功能十年均值相对较低；第三级别的综合功能十年均值最低。从具体功能来看，第一级别的城市，例如上海、南京，它们的交通中心功能、商业中心功能、金融中心功能一般都比较高，这些功能的均值都要比第二级别和第三级别的高很多，说明以上海为代表的第一级别城市普遍聚集着众多的高附加型产业，它们可以为制造业发展壮大提供较好的生产性服务业基础。新经济地理学和城市经济学研究已经表明较好的生产性服务业对制造业效率的提升有着显著的影响。第二级别的城市各个功能普遍较为平均，显著特点在于工业中心功能均值较高，例如无锡市和常州市，他们的工业中心功能分别为2.591和2.263，这说明第二级别城市虽然在各方面功能都相对均衡，但是由于工业中心功能较为突出（这说明这一级别城市的工业相对较为发达），这为制造业效率的提升提供了一个良好的行业基础。第三级别的城市大多各项功能均值都相对较低。详细情况见表6-3。

表6-3　　　　　　　　城市功能综合评价表

第一级别	上海（0.099）、南京（0.087）、苏州（0.082）、杭州（0.089）、宁波（0.085）
第二级别	无锡（0.077）、常州（0.062）、嘉兴（0.065）、舟山（0.069）、合肥（0.072）
第三级别	南通（0.053）、盐城（0.051）、扬州（0.059）、镇江（0.044）、泰州（0.038）、湖州（0.033）、绍兴（0.064）、金华（0.039）、台州（0.045）、芜湖（0.048）、马鞍山（0.047）、铜陵（0.033）、安庆（0.041）、滁州（0.030）

数据来源：《中国城市统计年鉴》（2008~2017）、《长江三角洲城市群城市年鉴》（2008~2017）。

第二节

长三角城市群制造业效率评价

一、长三角城市群制造业发展现状

本节根据我国国民经济行业分类做法，参考仇建勇（2015）、马晓蕾（2016）所选取的制造业子行业，将制造业进一步细分为消费品制造业、资源加工业和资本品制造业三大类，其中消费品制造业共包含 7 个子行业；资源加工包含有 8 个子行业；资本品制造业包含 8 个子行业。详细情况见表 6-4。

表 6-4　　　　　　　　　制造业子行业表

行业代码	子行业	所属类别
C13	农副食品加工业	消费品制造业
C14	食品制造业	消费品制造业
C15	酒、饮料和精制茶制造业	消费品制造业
C16	烟草制品业	消费品制造业
C17	纺织业	消费品制造业
C21	家具制造业	消费品制造业
C22	造纸和纸制品业	消费品制造业
C25	石油、煤炭及其他燃料加工业	资源加工业
C26	化学原料和化学制品制造业	资源加工业
C27	医药制造业	资源加工业
C28	化学纤维制造业	资源加工业
C29	橡胶和塑料制品业	资源加工业
C31	黑色金属冶炼和压延加工业	资源加工业
C32	有色金属冶炼和压延加工业	资源加工业
C33	金属制品业	资源加工业
C34	通用设备制造业	资本品制造业
C35	专用设备制造业	资本品制造业
C36	汽车制造业	资本品制造业

续表

行业代码	子行业	所属类别
C37	铁路、船舶、航空航天和其他运输设备制造业	资本品制造业
C38	电气机械和器材制造业	资本品制造业
C39	计算机、通信和其他电子设备制造业	资本品制造业
C41	其他制造业	资本品制造业
C42	废弃资源综合利用业	资本品制造业
C43	金属制品、机械和设备修理业	资本品制造业

资料来源：国家统计局《2017年国民经济行业分类》（GB/T 4754—2017）。

长三角作为我国现代城市发育最早、城市化水平最高、大中小城市齐全、城市体系最完备的地区之一，区域内城市职能多样齐全，具有从国际到全国、区域、地方的不同层次的中心城市，各类综合性、专业性、历史性（五个全国历史文化名城）、现代性的城市众多，可以从三个角度简要概述长三角地区各城市2008~2017年的发展特点：长三角各城市制造业总量不断增加。自2008年以来，制造业依旧保持了增长的势头。在2008年时制造业总产值为127918亿元，2012年制造业总产值为199162亿元，2017年制造业总产值为250986亿元。2017年产值相当于2008年产值的两倍。从规模以上企业实现利润来看，长三角各城市在2008年实现规模以上利润总额为5800亿元，2012年时为12012亿元，2017年规模以上企业利润总额达到了38907亿元；吸纳的就业人数不断增长，在2008年时制造业吸纳就业人数为891万人，2012年吸纳就业人数为1732万人，2017年吸纳就业人数为2301万人。作为当前吸纳劳动力就业较大的行业，制造业已经成为影响我国就业稳定、经济繁荣的一个重要产业。同时，制造业能源消耗强度持续降低，由于缺乏相关数据，因此这里选择长三角各城市工业固体废物综合利用率来体现长三角城市群制造业能源消耗变化，从数据来看，在2008年长三角城市群各个城市工业固体废物综合利用率在73%，到了2017年长三角城市群各个城市的综合利用率已经达到了90%以上，与世界上其他几个城市群相比差距已经很小。

二、变量的选取以及数据来源

对制造业效率的测度采用的模型为BBC模型。依照科布道格拉斯函数，参考国内学者颜鹏飞（2004、2007）的指标选取，在选择投入指标时本节决定使用资本存量和管理费用，这两个数据不管是从数据可得性还是数据可靠性上都较为优异。劳动投入选择长三角各城市管理费用，资本投入为长三角各城市制造业企业的资本存量。具体情况见表6-5。

表6-5　　　　　　　　　　　　投入产出表

指标类型	指标取值	字母代号	数据说明
产出指标	企业利润	L	前文所述子行业加总值
投入指标	资本存量	K	前文所述子行业加总值
投入指标	管理费用	Y	前文所述子行业加总值

根据本节研究对象，以及数据的可得性和研究的时效性，本节选取样本的时间跨度为2008~2017年，截面样本为依照最新公布（2016）的长三角城市群各城市．原始数据来源为《中国城市统计年鉴》（2008~2017）、《长江三角洲城市群城市年鉴》（2008~2017）、国家统计局等。

三、测度方法的选择

（一）制造业效率测度方法的选择

在对制造业效率进行界定之后，为了更好地研究城市功能对制造业效率的影响，必须要确立客观、适宜的制造业效率测度方法。目前学术界对于制造业效率的常用测度方法主要可以分为两类，第一类是参数分析法，主要包括三种，分别是随机前沿分析法（stochastic frontier analysis）、自由分析方法（detrend frontier analysis）和后前沿分析方法（towards frontier analysis）；第二类是非参数分析法，主要包括两种，分别是数据包络分析法（DEA）和自由分析方法（FDH）。目前学术界比较流行的两种评价方法是数据包络分析法和随机前沿分析法。作为比较流行的两种方法，随机前沿分析法它需要确定生产前沿的具体形式，它要解决的问题是要度量 n 个决策单元 T 期的技术效率（TE），每个决策单元都是 m 种投入和一种产出，这种方法的最大好处是考虑到了随机误差的影响，其基本函数形式如下所示。

$$\ln y_{i,t} = \ln f(x_{i,t}, \beta) + v_{i,t} - u_{i,t} (i=1,2,\cdots,n; t=1,2,\cdots,T) \quad (6.9)$$

$$u_{i,t} = \delta(t) u_i, \delta(t) = \exp\{\eta(T-t)\} \quad (6.10)$$

$$TE_{i,t} = E(\exp\{-u_{i,t}\} \varepsilon_{i,t}) \quad (6.11)$$

β、η 为待估系数。这种方法的缺点在于由于必须确定生产前沿函数的具体形式,其参数要由研究者进行估算,所以很容易出现人为的主观因素,并且它无法处理多投入—多产出的情况。而数据包络分析法则与它不同,它可以处理多投入—多产出问题,它通过对数学规划评价决策单元的相对有效性,也就是判断该决策单元是否处在生产可能集的前沿面上,并且它作为非参数方法,它无需在测度效率时知晓生产函数的具体形式,不管是从灵活性还是从客观性上都要优于随机前沿分析法。因此,基于以下两点考虑选择数据包络分析法作为制造业效率的测度方法:第一,一个国家或者地区的制造业生产活动是多种生产要素投入和多种产出的活动,因此随机前沿分析法无法适用,只能选择数据包络分析法;第二,前沿生产函数的估计应该排除主观因素的干扰,而数据包络分析法它不需要设定准确的生产函数来测度制造业效率,客观性较好。

最早提出用数据包络来分析制造业效率的时美国学者 Chames、Cooper 和 Rhode(1978),他们提出了一个 CCR 模型,在该模型中,他们指出了技术有效的关键在于实现产出的最大值,即决策单元必须位于生产函数的前沿面上,此时为规模收益由递增向递减的临界状态。在此基础上,学者 Banker 创建了 BCC 模型,在这个模型中,规模效率不再是保持一成不变的,而是会随着决策单元的投入产出关系的变化而变化。由于传统 DEA 的 CCR 模型评价的决策单元为 DEA 有效,要求必须同时为"技术有效"和"规模有效"(魏权龄,2012)。因此,在 CCR 模型之下不为 DEA 有效时,无法区分是技术效率还是规模效率不足导致的,因此需使用 DEA 模型的 BCC 进行评价。

在 BBC 模型中技术效率(TE)被分解为纯技术效率(PTEC)和规模效率(SEC)。在经济学中,纯技术效率(PTEC)一般是指由于企业管理改善和技术进步而引起的效率提升;而规模效率值得是由于企业规模变化而引起的效率提升。假设存在 n 个决策单位,这 n 个决策单位每一个都有 m 种类型的输入（生产要素的投入或是对经济资源的使用）和 s 种类型的输出（产品或者产出）。每个决策单元的效率评价系数为：

$$h_j = \frac{\sum_{r=1}^{s} u_r y_{r,j}}{\sum_{i=1}^{m} v_i x_{i,j}} \tag{6.12}$$

在该决策系数表达式中，$x_{i,j}$ 表示第 j 个决策单位 i 种经济要素的投入，用 $y_{r,j}$ 表示第 j 个决策单位的 r 种经济产出。v_i 表示第 i 种投入的权值，v_i 表示第 i 种输出的权值。h_j 表示效率评价指标，它的含义是，在投入的权值 v_i 和输出的权值 v_i 下经济投入（$\sum_{r=1}^{s}$）和经济产出（$\sum_{i=1}^{m}$）之比。h_j 越高，表明效率评价越高，此时的经济效益最高。基于决策单元效率评价系数，BBC 模型表达式为：

$$Max(\mu^T y_0 - u_0 t) = V_p \tag{6.13}$$

$$s.t.\ \omega^t x_j - u^t y_j + u_o \geq o, j = 1,2\cdots,n \tag{6.14}$$

$$\omega^t x_o = 1 \tag{6.15}$$

$$\omega \geq 0, \mu \geq 0, \mu_0 \in E^1 \tag{6.16}$$

对偶模型如下所示：

$$\min\theta = V_D \tag{6.17}$$

$$\sum_{j=1}^{n} y_i \lambda_j \geq y_o \tag{6.18}$$

$$\lambda_j \geq 0, j = 1,2,\cdots,n, \theta \in E^1 \tag{6.19}$$

$$s.t.\ \sum_{j=1}^{n} X_i \lambda_j \leq \theta X_O \tag{6.20}$$

$$\sum_{j=1}^{n} \lambda_j = 1 \tag{6.21}$$

当 $V_p = \mu^{ot} y_o + u_o^0 = 1$ 时，且满足 $\omega^o \geq 0$ 和 $u_o \geq 0$ 时，此时的决策单元处于有效状态，一般来说，在 BBC 模型中，首先在规模报酬随着生产关系变化而变化的前提下计算出决策单元的技术效率，进而在规模报酬不随生产关系变化的前提下计算决策单元的纯技术效率效率，最后再根据技术效率、纯技术效率以及规模效率计算出决策单元的规模效率。

(二) 制造业效率变化测度方法选择

曼奎斯特指数法作为一种重要的度量全要素生产率变动程度的指标是由瑞典统计学家 Malmquist 于 20 世纪提出，它通过建立生产函数，采用参数或非参数方法来解决问题。常见的参数法有乔根森指数法、生产函数法；非参数法一般要结合 DEA 模型使用，通过对 DEA 模型的分解来研究生产率的变化情况（包括有：技术效率变动、纯技术效率变动、规模效率），公式如下所示。

$$M_o(x_t, y_t, x_{t+1}, y_{t+1}) = \frac{s_o^t(x_t, y_t)}{s_o^t(x_{t+1}, y_{t+1})} \times \frac{E_o^t(x_{t+1}, y_{t+1}/VRS)}{E_o^t(x_t, y_t/VRS)} \times$$

$$\sqrt{\frac{T_o^t(x_{t+1}, y_{t+1})}{T_o^{t+1}(x_{t+1}, y_{t+1})} \times \frac{T_o^t(x_t, y_t)}{T_o^{t+1}(x_t, y_t)}} \tag{6.22}$$

TFPC 表示曼奎斯特指数，通过距离函数可以将 TFPC 分解为 TC（technical change，即技术变动）和 EC（technical efficiency change，即技术效率变动）；而技术效率变动可以进一步分解为纯技术效率变动（PTEC）和规模效率变化（SEC）；规模效率变化用 S 表示，技术效率变化用 E 表示，技术变化用 T 表示。表达式如 6.23 所示。

$$TFPC = EC \times TC = PTEC \times SEC \times TC \tag{6.23}$$

在本节中，规模效率是用来衡量投入产出比例是否适宜的指标，一般来说规模效率值越高，代表投入与产出比例越适宜。技术效率是用来衡量技术生产效能发挥程度的一个指标，在技术投入生产过程中，其效能发挥的高低决定了技术效率的高低，进而决定了经济单元产出能力的高低。纯技术效率是指生产技术能否发挥其作用、使得产出最大化的效率。以上三个效率的取值一般分为等于 1、大于 1、小于 1，分别代表着效率未变、效率改进和效率倒退。

四、制造业效率测算结果评价

本节采用投入为导向的 DEA 模型来计算长三角城市群各城市制造业效率，采用 BBC 模型来对投入和产出因素进行计算来测算出制造业的技术效率、纯技术效率和规模效率。

(一) 2008~2017年各城市制造业效率情况

由于 DEA 模型比较的是不同决策单元之间效率的比值，效率最大的单元将被赋值为1，其他单元的的效率值将不大于1。对于已经测算出的长三角26个城市 2008~2017 年的城市分功能进行几何算术平均处理，从处理结果来看，上海市、无锡市、绍兴市、合肥市的技术效率、纯技术效率以及规模效率均为1，表明这四个城市目前制造业效率水平与省内其他城市相比相对较高，说明这四个城市的制造业发展相对较好，为制造业效率的提升以及转型升级打好了良好的基础。对于安徽省宣城市来说，2008~2017 年其制造业技术效率均值达到 0.727，纯技术效率达到了 0.780，但是其规模效率相对较低，仅为 0.503，所以宣城市如果为了改变当前制造业效率相对较低的局面，可以从规模入手，改变当前的技术水平和管理水平，实现 DEA 有效。从整体来说，长三角城市群各城市制造业技术效率均值为 0.831，纯技术效率为 0.842，规模效率为 0.853，从这三个数值来看，长三角城市群制造业效率水平相对较高，具体情况见表 6-6。

表 6-6　2008~2017 年长三角城市群各城市制造业均值效率情况表

城市	技术效率（TE）	纯技术效率（PTE）	规模效率（SE）	规模报酬
上海市	1.000	1.000	1.000	不变
南京市	0.932	0.901	0.986	递减
无锡市	1.000	1.000	1.000	不变
常州市	0.941	0.952	0.942	递增
苏州市	0.936	0.957	0.988	递减
南通市	0.671	0.732	0.676	递增
盐城市	0.820	0.882	0.849	递增
扬州市	0.792	0.801	0.888	递增
镇江市	0.799	0.812	0.839	递增
泰州市	0.741	0.701	0.733	递增
杭州市	0.945	0.924	0.972	递减
宁波市	0.913	0.902	0.957	递增
嘉兴市	0.723	0.736	0.900	递增

续表

城市	技术效率（TE）	纯技术效率（PTE）	规模效率（SE）	规模报酬
湖州市	0.879	0.844	0.878	递增
绍兴市	1.000	1.000	1.000	递增
金华市	0.827	0.889	0.846	递增
舟山市	0.801	0.882	0.901	递增
台州市	0.627	0.779	0.899	递增
合肥市	1.000	1.000	1.000	不变
芜湖市	0.883	0.821	0.798	递增
马鞍山市	0.780	0.770	0.821	递增
铜陵市	0.763	0.727	0.804	递增
安庆市	0.826	0.823	0.799	递增
滁州市	0.602	0.701	0.698	递增
池州市	0.588	0.592	0.601	递增
宣城市	0.727	0.780	0.503	递增

数据来源：《长江三角洲城市群年鉴》（2008~2017）。

（二）2008~2017年不同级别城市制造业效率均值情况

就一级城市（上海、南京、苏州、杭州、宁波）而言，技术效率平均值为0.945；纯技术效率平均值为0.936；规模效率为0.980。与二级城市和三级城市各项效率值相比，纯技术效率和规模效率与二级城市差异较小，与三级城市各项效率均值差距较大。这些结果从侧面说明了自2008年金融危机以来以上海为代表的一级城市已经从劳动力成本上升、土地价格高涨等利益影响因素中逐步走出，部分制造业企业已经开始逐步复苏，但是必须认识到，在一级部分城市中，依旧存在部分制造业企业经营困难乃至倒闭的情况，这说明部分一级城市的制造业企业当前依旧面临着激烈的市场竞争，如果不提高产品质量与核心技术，便容易陷入恶性竞争的循环中，出现规模报酬递减的情况；从具体城市的规模效率的分析中可以得出一级城市制造业企业目前陷入了规模报酬递减这一困境，未来需要提升核心技术、提高国际竞争力才能解决规模增长的瓶颈。

就二级、三级城市而言，二级城市技术效率均值为0.893；纯技术效率为0.941；规模效率为0.948。三级城市技术效率均值为0.770；纯技术效率为

0.790;规模效率为0.789。上述三项效率值与一级城市有着一定的差距,这说明虽然中央政府以及各省政府大力推行均衡发展,但是由于二级城市和三级城市制造业基础相对较差,技术水平和管理水平相对落后,导致目前差距依旧存在,且技术效率差距较大。对于二三级城市而言,要充分发挥自身生产要素充沛、地理位置、相关政策等优势,引进一级城市的转移企业,同时大力引进一级城市的技术人才与管理经验,完善物流体制与货物运输通道,最终实现制造业全产业链的综合发展,才能有效缩小与一级城市的的经济发展差距,具体情况见6-7。

表6-7　　　　　2008~2017年不同级别城市各项效率均值表

城市级别	技术效率	纯技术效率	规模效率
第一级别	0.945	0.936	0.980
第二级别	0.893	0.914	0.948
第三级别	0.770	0.790	0.789

(三) 2008~2017年不同制造业子行业的效率情况

为了进一步对长三角城市群制造业效率状况进行研究分析,依据上面将制造业进一步细分为消费品制造业、资源加工业和资本品制造业。从已有的研究成果来看,不同的制造业子行业其受到城市功能的影响是存在一定差异的,因此对制造业进行细分研究是有必要的。

根据2008~2017年各城市消费品制造业、资本品制造业和资源加工业的各项效率值进行几何平均,从结果来看,不同级别、不同地区的各制造业子行业存在一定的差异。

从城市级别来看,不同级别的城市内部各制造业子行业的存在明显差异。一级城市消费品制造业、资本品制造业的各项效率均值普遍要优于资源加工业。例如南京市消费品制造业、资本品制造业的技术效率、纯技术效率以及规模效率都要优于资源加工业;二级城市的消费品制造业、资源加工业、资本品制造业的技术效率、纯技术效率、规模效率差异不大;三级城市的资源加工业的技术效率、纯技术效率、规模效率要优于资本品加工业和消费品加工业。出现上述情况的原因可能在于长三角一级城市大多为省府城市,制造业基础相对较好，但是随着 2008 年金融危机的爆发，劳动力价格和土地价格上涨，融资难度加大等原因，导致利润率较低的资源加工业逐渐转移到二级或三级城市群内，其制造业内部实现了产业升级与换代；并且近年来国家积极号召消费的转型升级，这就造成了一级城市的资本品制造业、消费品制造业各项效率均值要优于资源加工业；对于二级城市和三级城市而言，由于制造业基础相对薄弱，且缺乏必要的技术，管理水平也相对较低，因此二级城市的资本品制造业、消费品制造业无力与一级城市相竞争，并且由于大量来自一级城市的淘汰制造业企业转移到本地区，导致了本地区内部资本品制造业、消费品制造业、资源加工业各效率均值差距不大。

从地区来看，以上海为核心的沪宁杭都市圈各城市的制造业子行业的各项效率均值要优于其他地区的效率均值；江苏省内苏南地区要优于苏中各城市；浙江省沪宁杭都市圈内城市要优于省内其他城市；安徽省内省府合肥市要优于省内其他城市。具体情况见表 6-8。

表 6-8　　　　　　　　　制造业子行业效率均值情况表

城市	消费品制造业			资源加工业			资本品制造业		
	TE	PTE	SE	TE	PTE	SE	TE	PTE	SE
上海市	1.000	1.000	1.000	0.940	0.912	0.928	1.000	1.000	1.000
南京市	0.930	0.921	0.916	0.922	0.916	0.964	0.924	0.931	0.936
无锡市	0.947	0.931	0.942	0.937	0.930	0.932	0.930	0.942	0.936
常州市	0.939	0.942	0.938	0.931	0.942	0.935	0.956	0.958	0.952
苏州市	0.946	0.948	0.948	0.942	0.947	0.938	0.950	0.952	0.948
南通市	0.716	0.724	0.762	0.777	0.741	0.776	0.713	0.730	0.691
盐城市	0.823	0.828	0.839	0.848	0.845	0.841	0.831	0.882	0.849
扬州市	0.781	0.789	0.788	0.792	0.713	0.828	0.762	0.721	0.781
镇江市	0.781	0.820	0.819	0.792	0.783	0.829	0.899	0.852	0.844
泰州市	0.732	0.731	0.742	0.741	0.779	0.743	0.728	0.721	0.733
杭州市	0.945	0.924	0.939	0.905	0.920	0.932	0.944	0.925	0.972
宁波市	0.913	0.902	0.792	0.913	0.827	0.798	0.823	0.902	0.957
嘉兴市	0.723	0.736	0.503	0.740	0.801	0.602	0.701	0.736	0.724

续表

城市	消费品制造业			资源加工业			资本品制造业		
	TE	PTE	SE	TE	PTE	SE	TE	PTE	SE
湖州市	0.738	0.744	0.701	0.821	0.827	0.798	0.823	0.844	0.878
绍兴市	0.890	0.878	0.881	0.901	0.913	0.902	0.871	0.869	0.900
金华市	0.800	0.780	0.801	0.821	0.880	0.817	0.823	0.889	0.846
舟山市	0.878	0.882	0.803	0.869	0.880	0.842	0.801	0.832	0.831
台州市	0.802	0.878	0.891	0.871	0.780	0.882	0.823	0.879	0.879
合肥市	0.842	0.856	0.849	0.853	0.847	0.828	0.851	0.856	0.867
芜湖市	0.793	0.778	0.827	0.803	0.791	0.798	0.857	0.839	0.840
马鞍山	0.780	0.503	0.701	0.722	0.701	0.727	0.741	0.738	0.737
铜陵市	0.672	0.627	0.653	0.635	0.619	0.644	0.678	0.679	0.649
安庆市	0.653	0.623	0.640	0.626	0.642	0.659	0.643	0.652	0.645
滁州市	0.602	0.591	0.598	0.652	0.701	0.698	0.546	0.573	0.542
池州市	0.588	0.592	0.527	0.588	0.601	0.592	0.581	0.542	0.534
宣城市	0.727	0.780	0.804	0.727	0.701	0.503	0.899	0.779	0.879

数据来源：《长江三角洲城市群年鉴》（2008～2017）。

五、长三角城市群制造业效率变化情况分析

对于长三角制造业技术效率变化、纯技术效率变化以及规模效率变化的测度采用的是曼奎斯特指数法，采用CCR模型，其规模效益不变。

EC代表技术效率变动，TC代表技术变动，PTEC代表纯技术效率变动，SEC代表规模效率变动。从表6-8的结果看，长三角城市群大多数城市的TFPC大于1，只有南京、苏州、宁波、宣城、湖州、滁州、池州的TFPC值在1以下，且池州市、宣城市滁州市的TFPC要比0.9要低，这表明长三角城市群中绝大多数城市的制造业效率保持上升态势。少部分城市的TFPC虽然小于1，但是其值也保持在0.9以上，这表明这部分城市（南京、苏州、宁波）的制造业效率保持在较高的水平。对于0.9以下的城市来说，这部分城市制造业效率水平处于下降态势。具体情况见表6-9。

表 6-9　　　　　　　　　　制造业效率变化表

城市	技术变动	技术效率变动	纯技术效率变动	规模效率变动	全要素生产率
上海市	1.000	1.092	1.018	0.982	1.092
南京市	0.932	1.072	0.958	0.973	0.999
无锡市	0.988	1.039	1.005	1.021	1.026
常州市	1.002	1.202	0.979	1.023	1.204
苏州市	0.976	1.003	0.989	0.989	0.978
南通市	1.034	1.011	1.031	1.003	1.045
盐城市	0.989	1.021	0.937	1.056	1.010
扬州市	1.111	1.001	1.065	1.043	1.112
镇江市	1.108	1.125	1.078	1.028	1.247
泰州市	1.201	1.018	1.203	0.998	1.223
杭州市	0.973	1.035	0.994	0.979	1.007
宁波市	0.972	1.009	0.984	0.988	0.981
嘉兴市	1.023	1.008	1.031	0.992	1.031
湖州市	0.976	1.021	0.990	0.986	0.996
绍兴市	1.098	1.002	1.090	1.007	1.100
金华市	1.022	0.988	1.004	1.018	1.010
舟山市	0.999	1.121	0.975	1.025	1.120
台州市	1.080	1.099	1.055	1.024	1.187
合肥市	1.134	1.209	1.012	1.121	1.371
芜湖市	0.983	1.002	0.903	1.089	0.985
马鞍山市	0.978	1.024	0.955	1.024	1.001
铜陵市	0.963	1.222	0.987	0.976	1.177
安庆市	1.029	1.256	1.048	0.982	1.292
滁州市	0.899	0.932	0.896	1.003	0.838
池州市	0.872	0.987	0.882	0.989	0.861
宣城市	0.888	0.992	0.953	0.932	0.881

数据来源：《长江三角洲城市群年鉴》（2008~2017）。

第三节

小结

本章首先从工业中心、交通中心、商业中心、金融中心四个维度，运用与前面章节不同的因子分析法测算了长三角城市的功能，并进行了相应的比较分析。从测算结果来看，不同城市分功能、同一城市不同功能差距都比较大。上海市各项城市分功能要普遍高于江苏与浙江城市。浙江与江苏省城市的各项分功能要普遍高于安徽省城市。江苏省内各城市分功能呈现苏南强于苏中的特点。

上海、南京等第一级别城市的交通中心功能、商业中心功能、金融中心功能较高，远高于其他城市。第一级别城市因为聚集着众多高附加值产业，可以为制造业发展提供较好的生产性服务业发展机会。

运用基于 BBC 的 DEA 模型测算了 2008～2017 年长三角城市的制造业效率，将技术效率分解为由于企业管理改善与技术进步带来的纯技术效率和由规模变化引起的规模效率。测算了部分细分二位数行业的效率，并归为消费品制造业、资源加工业和资本品制造业三大类。

整体来看，长三角城市群各城市制造业效率水平相对较高，制造业技术效率均值为 0.831，纯技术效率为 0.842，规模效率为 0.853。从不同级别城市来看，上海、南京、苏州、杭州、宁波等第一级别城市的技术效率与第二级别城市差异较小，但远高于第三级别城市。

不同级别城市的制造业分类子行业的技术效率也存在一定的差异。一级城市消费品制造业、资本品制造业的各项效率均值普遍要优于资源加工业。二级城市和三级城市，由于制造业基础相对薄弱，且缺乏必要的技术，管理水平也相对较低，资本品制造业、消费品制造业无力与一级城市相竞争，并且由于大量来自一级城市的淘汰制造业企业转移到本地区，导致了本地区内部资本品制造业、消费品制造业、资源加工业各效率均值差距不大。

从地区来看，以上海为核心的沪宁杭都市圈各城市的制造业子行业的各项效率均值要优于其他地区的效率均值；江苏省内苏南地区要优于苏中各城市；浙江省沪宁杭都市圈内城市要优于省内其他城市。

第七章

城市功能影响制造业效率的实证分析

第一节

相关性分析

为更好地分析城市功能与制造业效率间关系，首先分析城市功能与制造业效率间的相关关系，这里使用 person 相关系数来进行判断。在此基础上，做出城市综合功能和制造业效率的拟合散点图，从图形上直观判断制造业效率和城市功能的关系。

从城市群 26 个城市与制造业效率的 person 相关系数结果来看，城市综合功能与制造业效率两者间的相关系数为 0.622，显著性（双侧）值为 0.001，表示在 0.01 的显著性水平上肯定了两者的相关的假设。所以从结论上来说，城市综合功能与制造业效率两者间存在显著相关关系。从拟合散点图来看，城市综合功能与制造业效率两者间存在着明显的正向相关关系，这说明城市综合功能能够推动制造业效率的提升，对于制造业效率有着正向的推动作用。这说明为了推动制造业效率的提高，可以从城市功能角度入手。

为了进一步分析城市功能与制造业效率两者间关系，依照不同等级来分析城市功能与制造业效率两者间的关系。

从一级城市城市综合功能与制造业效率 person 相关系数结果来看，一级城市综合功能与制造业效率两者间的相关系数为 0.821，显著性（双侧）值为 0.079，表示在 0.01 的显著性水平上肯定了两者的相关的假设。所以从结论上来说，一级城市综合功能与制造业效率两者间存在显著相关关系。从拟合散点图来看，一级城市的城市综合功能与制造业效率两者间存在着明显的正向相关关系，这说明城市综合功能能够推动制造业效率的提升，对于制造业效率有着正向的推动作用。同时说明对于一级城市而言，为了推动制造业效率的提高，可以从城市功能角度入手。

从二级城市的城市综合功能与制造业效率 person 相关系数结果来看，二级城市的城市综合功能与制造业效率两者间的相关系数为 0.340，显著性（双侧）值为 0.056，表示在 0.01 的显著性水平上肯定了两者的相关的假设。所以从结论上来说，城市综合功能与制造业效率两者间存在显著相关关系。但是与一级城市相比，相关系数值要明显低于前者，这说明二级城市制造业效率与城市功能间相关关系要弱于一级城市。从二级城市拟合散点图来看，二级城市的城市综合功能与制造业效率两者间存在着明显的正向相关关系，这说明城市综合功能能够推动制造业效率的提升，对于制造业效率有着正向的推动作用。同时说明对于二级城市而言，为了推动制造业效率的提高，可以从城市功能角度入手。

从三级城市综合功能与制造业效率 person 相关系数结果来看，三级城市综合功能与制造业效率两者间的相关系数为 0.340，显著性（双侧）值为 0.056，表示在 0.01 的显著性水平上肯定了两者的相关的假设。所以从结论上来说，三级城市综合功能与制造业效率两者间存在显著相关关系。与二级城市以及一级城市相比，三级城市的城市综合功能和制造业效率间的相关系数与二级城市相比差异不大，但是要比一级城市的相关系数小的多。这一点从两者的拟合散点图上也可以看出，三级城市拟合直线要比一级城市的拟合直线更为平缓。从三级城市拟合散点图来看，三级城市的城市综合功能与制造业效率两者间存在着明显的正向相关关系，这说明城市综合功能能够推动制造业效率的提升，对于制造业效率有着正向的推动作用。具体线性拟合图如图 7-1 所示。

从城市群内部城市各分功能与制造业效率的相关系数矩阵来看，各个分功能与制造业效率间都呈现正相关：其中资源中心功能相关系数最低，为 0.079；工业中心功能为 0.076；交通中心功能为 0.330；商业中心功能与制造业效率系数最高，为 0.379；金融中心功能为 0.290。这些相关系数说明了各分功能可以有效促进制造业效率的提升，其中商业中心功能对制造业效率提升的可能性最

第七章 城市功能影响制造业效率的实证分析

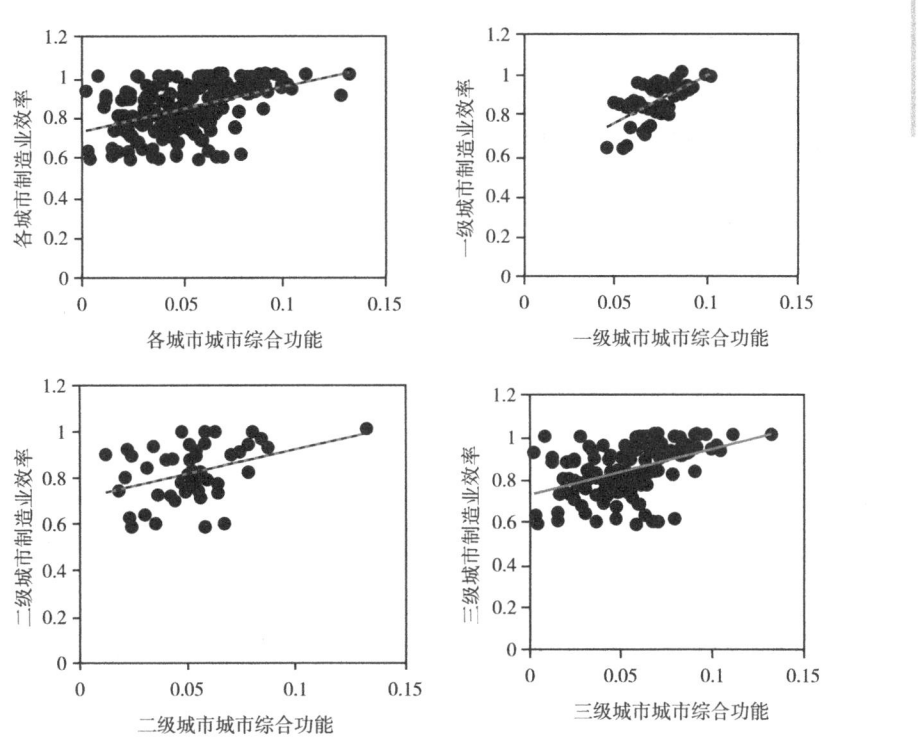

图 7-1　各级别城市城市功能与制造业效率线性拟合图

大,资源中心功能对制造业效率提升的可能性最小,其中原因可能是因为随着现代交通工具的不断发展以及限制生产要素流通的不利因素得到去除,导致各种资源对于制造业效率提升的作用不如早期那么明显。对于商业中心功能而言,商业中心功能意味着大量的资本以及数量众多的高素质劳动力,这些资本和劳动可以有效地降低制造业企业的生产成本、管理成本、搜寻成本等,并且由于资本和劳动力聚集所引发的知识溢出效应进一步提高了企业的技术水平和管理水平,进一步推动了制造业的发展。对于交通中心功能而言,单纯地减少运输成本对制造业效率影响的效果应该不大,但因为交通中心功能显著而强化的其他城市功能对于制造业效率的影响程度会被加强。相关系数矩阵表见表7-1。

表 7-1　城市分工能与制造业效率相关系数矩阵表

	资源中心功能	工业中心功能	交通中心功能	商业中心功能	金融中心功能
制造业效率	0.079	0.076	0.330	0.379	0.290

第二节 变量选择与统计分析

一、变量选择

$Z_{i,t}$ 为被解释变量,衡量制造业效率;核心解释变量为 $FS_{i,t}$,用来表示城市综合功能,衡量城市群内各城市整体的功能效用。其他变量为控制变量。在控制变量的选择上,参考国内学者江静(2007)、冯泰文(2009)对控制变量的选取,本节的控制变量主要为外资比重、人力资本水平、政府规模。

FDI(外资比重)为控制变量,为当年实际使用外资额与该城市的 GDP 比值。目前学术界对于 FDI 对制造业效率的影响已经有相当多的学术成果,在实证研究方面学术成果也颇为丰富。现有的研究表明 FDI 可以有效地推动制造业的快速发展,提升制造业效率。

HC(人力资本水平)为控制变量,目前的研究表明制造业企业人力资本水平的高低直接关系到制造业企业的管理效率、技术效率,在这里采用各城市的教育从业人员与该地区年末人口总数的比值。

GC(政府规模)为控制变量,已有的研究表明政府通过财政政策和货币政策来对制造业企业产生影响,并且由于我国经济所有制的特殊性以及政府部门在产业政策制定以及城市规划中的重要影响力,本节将政府规模作为一个重要的控制变量引入模型,在这里用各城市政府支出和城市 GDP 之比来衡量。除了上述影响因素之外还有其他因素可以对制造业效率产生影响,例如信息化程度、基础设施、经济所有制等,但是由于这些影响因素难以量化、数据可得性不高、易产生序列相关等,因此本节不考虑上述因素。

二、数据来源

数据主要来源于中国城市统计年鉴、长三角城市群统计年鉴。由于解释变量、被解释变量、控制变量中部分数据会受到通货膨胀率的影响,因此,本节以

2008年为基期，对上述数据进行平减处理，以便更好地分析解释变量、被解释变量以及控制变量间的关系；对于当年实际使用外资额，从数据可得性上存在有：当前签订合同书数目、当年合同外资金额以及当年实际使用外资额，但是基于客观性考虑以及投资对于制造业的影响一般存在滞后效应，因此选用当年实际使用外资额作为数据；此外，当年实际使用外资额的单位为美元，为了避免汇率变动而产生的一系列问题，且前面已说明对通货膨胀的处理措施，这里采用2018年9月22日人民币兑美元的汇率为标准汇率（1美元=6.8559人民币）。

三、模型的设定以及描述性统计分析

根据目前制造业影响因素研究文献的一般做法，本节的模型也是基于扩展的科布—道格拉斯生产函数，模型设定如下：

$$z_{i,t} = \alpha_o FDI_{i,t}^{\alpha_1} \times HC_{i,t}^{\alpha_2} \times GC_{i,t}^{\alpha_3} \times FS_{i,t}^{\alpha_4} \times \nu_i \varepsilon_{i,t} \tag{7.1}$$

其中，$z_{i,t}$ 表示制造业效率；α_o 表示常数项；$FDI_{i,t}^{\alpha_1}$ 表示外资比重；$GC_{i,t}^{\alpha_3}$ 表示政府规模；$HC_{i,t}^{\alpha_2}$ 表示人力资本水平；$FS_{i,t}$ 表示城市综合功能；ν_i 表示不可测量的地区效应；$\varepsilon_{i,t}$ 表示随机扰动项；i 表示城市。对其进行对数化处理，公式7.2为对等式两边取对数的结果：

$$Lnz_{i,t} = \alpha_o + \alpha_1 LnFDI_{i,t} + \alpha_2 LnHC_{i,t} + \alpha_3 LnGC_{i,t} + \alpha_4 LnFS_{i,t} + \nu_{i,t} + \varepsilon_{i,t} \tag{7.2}$$

描述性统计分析如表7-2所示。

表7-2　　　　　　解释变量、控制变量描述性统计分析

	最大值	最小值	平均值	标准差	样本数
城市综合功能	0.099	0.019	0.073	0.054	260
工业中心功能	3.014	1.387	2.872	0.347	260
商业中心功能	5.612	1.298	3.571	0.381	260
交通中心功能	2.013	0.392	1.923	0.025	260
金融中心功能	3.428	1.429	2.877	0.019	260
外资比重	0.054	0.015	0.049	0.010	260
政府规模	0.241	0.134	0.192	0.029	260
人力资本水平	0.141	0.032	0.101	0.018	260

四、模型的检验

(一) 单位根检测

在对模型进行实证分析之前,为了避免研究结果出现伪回归的情况,需要对各变量进行单位根检验,检测数据的平稳性。由于本节的研究数据为长三角城市群各城市的面板数据,因此本节采用的是面板数据单位根检验模型来论证上述数据的平稳性。目前学术界主要的单位根检测方法主要有 Levin-Lin-Chu 检测 (LLC)、Breitung 检测、IPS 检测、FISHER-ADF (MW) 检测、FISHER-PP (choi) 检测。其中,LLC 检测主要适用于相同根情形,它采用的是 ADF 检验式形式;Breitung 检测的 ADF 设定于 LLC 相同,原假设与备选假设也与 LLC 相同,但是上述这两种检测方法的误差项容易造成同期相关问题,因此出现了同期相关面板数据的单位根检测方法。例如 FISHER-ADF (MW) 检测、FISHER-PP (choi) 检测。对于本节的研究对象,以及各检测方法的适用对象,本节主要采用 LLC 检测、IPS 检测和 FISHER-ADF (MW) 检测;LLC 检测假设序列中存在一个单位根,如果检验结果显著,即原假设成立,存在单位根,则序列平稳性较差;IPS 检测假设不存在单位根,如果检验结果显著即 t 值小于临界值),即原假设成立,不存在单位根,证明上述变量的平稳性较好;FISHER-ADF (MW) 检测假设在面板数据中存在一个单位根,如果检验结果显著(即 t 值小于临界值),即原假设成立。表 7-3 为 $LnFS$、$LnFDI$、$LnHC$、$LnGC$、$LnTE$、$LnPE$、$LnSE$ 单位根检验结果表。

表 7-3　　　　　　　　　单位根检测结果表

变量	LLC 检测	IPS 检测	ADF-Fisher 检测
$LnFS$	-6.3324*** (0.00)	-1.2615*** (0.00)	98.2901*** (0.00)
$LnFDI$	-6.2853*** (0.00)	-1.2052*** (0.00)	104.1062*** (0.00)
$LnHC$	-11.2928*** (0.00)	-1.5829*** (0.00)	107.9428*** (0.00)

续表

变量	LLC 检测	IPS 检测	ADF – Fisher 检测
LnGC	-9.7345*** (0.00)	-1.1814*** (0.00)	79.7680*** (0.00)
Ln$PTEC$	-7.2581*** (0.00)	-1.7457*** (0.00)	49.4128*** (0.00)
LnTE	-8.6412*** (0.00)	-1.1933*** (0.00)	93.6602*** (0.00)
LnPE	-10.091*** (0.00)	-1.1323*** 0.3846	88.6861*** 0.0231
LnSE	-10.201*** (0.00)	-1.0281*** (0.00)	77.9014*** (0.00)

注：括号中的数字表示 t 值。*、**、*** 分别代表参数估计值在 10%、5%、1% 的水平上显著。

从上表来看，表中的检测结果为解释变量、被解释变量、控制变量的一阶差分值的的单位根检测结果，从结果来看，LLM 拒绝了原假设，IPS 接受原假设，$Fisher-Adf(MW)$ 拒绝原假设。上述三个单位根检验的检测结果的平稳性检测结果都说明了不存在单位根，因此将运用这些数据进行实证分析。

(二) 协整检测

协整检测主要采用的方法是 Pedroni 面板协整检验方法。本节主要采用该协整检验方法的原因在于本节的时间序列横跨周期太短 (2008~2017 年)，已有的研究表明对于较短的时间序列，Johansen 协整检测是不可靠的，原因在于滞后差分选择过分敏感，这会导致在进行多参数协整检测时结果会出现"偏差"。因此本节使用 Pedroni 面板协整检验方法，这种检验方法下一般有 7 个统计量，但是由于本节研究的时间跨度相对较短，因此选择 Panel v – Stat、Panel P – Stat、Panel PP – Stat、Panel ADF – Stat、Group ADF – Stat 这 5 个统计量。这 5 个统计量的可信度和科学参考价值较高，因此，这五个统计量的结果作为协整检测结果的主要参考，具体见表 7 – 4。

表 7-4　　　　　　　　　　　协整检验结果表

检验方法	LnTE 与解释变量	LnPE 与解释变量	LnSE 与解释变量
Panel v - Stat	6.5423***	-7.2876***	-1.3651***
Panel P - Stat	4.0210***	-4.1581***	1.7910***
Panel PP - Stat	-31.2016***	-33.1747***	-28.3750***
Panel ADF - Stat	-15.4552***	-21.2324***	-19.2617***
Group ADF - Stat	-16.1024***	-17.7676***	-17.2709***

注：括号中的数字表示 t 值。*、**、*** 分别代表参数估计值在 10%、5%、1% 的水平上显著。

从检测结果表 7-4 来看，不管是 LnTE、LnPE，还是 LnSE，他们都通过了 Panel v - Stat、Panel P - Stat、Panel PP - Stat、Panel ADF - Stat、Group ADF - Stat 这 5 个统计量的检测，尤其是在适合较短时间序列的 Panel ADF - Stat、Group ADF - Stat 这两个统计量的检测中结果非常显著，这表明了上述三项与解释变量之间存在着显著的协整关系，这表明了前面所建立的模型符合长三角城市群制造业效率影响因素实际，实证结果不会受到伪回归等问题的干扰。

除了上述检验外，为了保证回归结果的准确性，还需进一步做多重共线性检验、异方差检验和内生性检验，对于多重共线性问题，从特征根来看，其多个特征根并不约等于零，并且条件指数全部小于 10，所以模型不存在多重共线性问题。

对于异方差问题，F 统计量为 0.484275，且 $Prob.F(25, 43) = 0.0688$ 大于 0.05，结果显著，不存在异方差问题。

第三节

城市功能对制造业效率影响回归分析

一、城市综合功能对制造业效率影响回归结果分析

（1）从制造业技术效率来看，参数系数都通过了在 1% 显著性水平上的检验，且都为正数，最大的为城市综合功能，参数系数值为 0.031；其次为外资比重，为 0.023；最小的为政府规模，为 0.014。这说明了城市综合功能、人力资本水平、政府规模以及外资比重都会对制造业效率产生正面影响，能够提升制造业效率水平，其中城市综合功能对于技术效率水平的影响更为显著，而政府规模对于制造业技术效率水平的影响则较小。

（2）从制造业纯技术效率来看，除政府规模外的各个参数系数值都通过了 1% 显著性检验，参数系数为正，其中城市综合功能的参数系数值为 0.0293；仅次于它的是外资比重，它的参数系数值为 0.029；最小的为城市规模的参数系数值为 0.0173，政府规模参数系数为负。上述系数值表明了对于纯技术效率而言，除政府规模外的解释变量和控制变量能对制造业的纯技术效率产生积极影响，能够促进制造业纯技术效率的提升，其中城市综合功能对于制造业纯技术效率的影响最大；政府规模对于制造业纯技术效率的影响为负。

（3）从制造业规模效率来看，各参数系数都通过了 1% 显著性水平上的检验，并且参数系数值全部为正，其中，外资比重的参数系数值最大为 0.3473；人力资本水平的参数系数值最小，为 0.0106；上述系数值表明了人力资本水平、政府规模、以及外资比重能够对制造业规模效率提升产生正面影响，能够提升制造业规模效率；但是，城市综合功能对于制造业规模效率的影响为负，人力资本水平影响最小。这表明对于现代制造业企业而言，随着技术在生产函数中所占权重的不断扩大，高素质、丰富的劳动力对于制造业规模效率的影响并不大。这与部分学者的研究是吻合的，人力资本水平对于制造业技术效率的影响要高于规模效率。此外，城市综合功能越显著的城市，其各项成本也会越高，这会在一定程度上降低企业的规模效率。

（4）从城市综合功能来看，其参数系数在三个被解释变量下的 1% 显著性水平都为正，这说明了城市综合功能能够促进技术效率、纯技术效率的提升，但是对于规模效率的影响为负。其中主要原因可能在于城市综合功能对于制造业企业生产规模以及生产关系的影响并不显著，它主要通过知识溢出效应、专业化市场来对制造业产生影响。

（5）从人力资本水平来看，各参数系数在技术效率、纯技术效率以及规模效率下都为正，说明人力资本水平对制造业效率有着较大影响。其中，对于规模效率的影响没有技术效率、纯技术效率那么显著,这可能是因为人力资本水平的高低主要会影响生产性服务业效率的高低,对于制造业企业的影响可能不是非常显著,因此其对于制造业技术效率以及纯技术效率的影响要比规模效率显著得多。此外,对于目前的制造业企业而言,制造业最佳生产规模研究已经较为成熟,且大多被制造业企业采纳,一个相对成熟的制造业规模已经处于事实上的饱和状态,因此人力资本水平的高低对于规模效率的影响相对较小。

(6) 从政府规模来看,各参数系数都为正,说明政府规模对于制造业的技术效率、规模效率有着正面积极影响,对纯技术效率影响为负,但是与其他控制变量相比,影响并不显著。这可能是因为随着我国市场经济地位的确立以及民营制造业企业的崛起,政府部门对于经济的干预和影响力在不断地下降。此外,政府部门由于存在寻租以及低效率的特征,导致其对于制造业效率的影响并不显著。详细情况如表7-5所示。

表7-5　　　　　　城市综合功能对制造业效率的回归结果

	技术效率	技术效率变化	纯技术效率	规模效率	全要素生产率
C	1.2082 *** (25.4341)	1.0409 *** (20.0261)	0.9143 *** (7.7845)	0.9943 *** (16.2914)	0.9192 *** (12.7530)
$LnFS$	0.0312 *** (7.2653)	0.0483 *** (4.2592)	0.0293 *** (5.8438)	-0.0250 *** (11.6081)	0.0300 *** (8.2525)
$LnHC$	0.0194 *** (6.0218)	0.0098 *** (1.2654)	0.0173 *** (3.5790)	0.0106 *** (4.2781)	0.0098 *** (2.6739)
$LnGC$	0.0143 *** (1.7835)	0.0092 *** (2.5601)	-0.0109 *** (-3.1246)	0.0239 *** (4.2081)	0.0126 *** (3.5680)
$LnFDI$	0.2301 *** (3.2006)	0.3875 *** (1.2865)	0.2901 *** (2.5529)	0.3473 *** (5.5650)	0.0497 (3.2761)
R^2	0.1961	0.1987	0.1842	0.1861	0.2348
$Adj-R^2$	0.1950	0.1942	0.1798	0.1799	0.2208
Obs	260	260	260	260	260

注:*、** 和 *** 分别表示在10%、5%和1%的显著水平上显著;括号内为t统计,回归软件为SPSS 21.0。

第七章 城市功能影响制造业效率的实证分析

为了进一步研究分析城市综合功能对制造业效率的影响，在对制造业各子行业制造业效率进行测度的基础上研究城市综合功能对制造业子行业全要素生产率的影响。

从城市综合功能来看，城市综合功能对制造业子行业有一定的影响，且系数为正，并且全部通过了5%的显著性检验。从具体数值来看，城市综合功能对C16的影响最大，参数系数值为0.0428；对C37的影响最小，参数系数值为0.0202。从频数分布表来看，城市综合功能对制造业子行业效率影响参数系数值主要分布在0.0350~0.04，这实际上上代表了城市综合功能对各制造业子行业全要素生产率影响的一般情况。从制造业类型来看，城市综合功能对消费品制造业各子行业的的影响参数系数在0.0312以上，对资源加工业子行业的影响参数系数在0.02以上，对资本品制造业子行业影响参数系数在0.025以上。总的来说，城市综合功能对消费品制造业的影响要强于资本品制造业，对资本品制造业的影响要强于资源加工业。这可能是因为长三角各城市大多已经步入工业化后期（尤其是江浙沪部分城市），从产业结构上来说，长三角各城市大多是以服务业、高端制造业为主；从居民消费结构，目前居民主要消费品已经从过去的必需品为主，转变为以教育、娱乐、餐饮等为代表的满足自身享乐的商品。

从人力资本来看，人力成本对制造业子行业有一定的影响，且系数为正，并且全部通过了5%的显著性检验。从具体数值来看，人力成本对C36的影响最大，参数系数值为0.0213；对C31的影响最小，参数系数值为0.0092。从频数分布表来看，城市综合功能对制造业子行业效率影响参数系数值主要分布在0.0105~0.0150，这实际上代表了人力资本对各制造业子行业全要素生产率影响的一般情况。从制造业类型来看，人力资本对消费品制造业各子行业的影响参数系数在0.0094以上，对资源加工业子行业的影响参数系数在以0.0092上，对资本品制造业子行业影响参数系数在0.0099以上。总的来说，人力资本对消费品制造业的影响要强于资源加工业，对资本品制造业的影响与消费品制造业相差不大，较为接近。

从政府和对外直接投资来看，两者对制造业各子行业都有一定的影响，且参数系数为正，并都通过了5%的参数系数检测，详细情况见表7-6。

表7-6 城市综合功能对制造业子行业全要素生产率的回归结果表

变量 行业代码	C	LnFS	LnHC	LnGC	LnFDI	R²	Adj-R²
C13	1.201*** (27.03)	0.0324** (15.26)	0.0127*** (9.42)	0.0046** (12.39)	0.0128** (22.22)	0.3534	0.3508
C14	1.056** (14.58)	0.0413*** (17.32)	0.0094** (7.37)	0.0053*** (7.28)	0.0101*** (37.52)	0.3565	0.3561
C15	0.927** (21.60)	0.0328*** (11.24)	0.0100** (6.21)	0.0060*** (14.00)	0.0097*** (25.54)	0.3853	0.3845
C16	1.504*** (18.70)	0.0428** (13.32)	0.0136*** (4.96)	0.0062*** (8.25)	0.0120** (25.46)	0.3798	0.3723
C17	0.874*** (27.03)	0.0384** (17.03)	0.0197** (6.46)	0.0081** (10.32)	0.0086** (24.48)	0.3822	0.3811
C21	0.857*** (27.42)	0.0417** (15.63)	0.0095*** (7.77)	0.0065** (8.49)	0.0098*** (22.69)	0.3632	0.1282
C22	0.915** (26.52)	0.0312*** (7.98)	0.0144** (3.26)	0.0046** (12.45)	0.0162*** (34.42)	0.3764	0.3749
C25	1.000** (9.285)	0.0203*** (10.26)	0.0126** (10.21)	0.0015*** (14.34)	0.0121** (15.52)	0.3011	0.3001
C26	1.341*** (27.92)	0.0220** (17.15)	0.0133** (9.24)	0.0017*** (7.55)	0.0182*** (3.28)	0.2903	0.2901
C27	1.455*** (24.28)	0.0391*** (4.56)	0.0098** (7.52)	0.0010** (18.83)	0.0095*** (7.56)	0.2877	0.2873
C28	1.155** (34.56)	0.0299** (28.03)	0.0128** (4.28)	0.0023*** (12.12)	0.0100*** (14.32)	0.3007	0.3004
C29	1.088** (29.58)	0.0341*** (19.27)	0.0141** (10.28)	0.0014*** (15.55)	0.0092** (7.68)	0.2909	0.2901
C31	1.047** (20.03)	0.0211** (14.14)	0.0092** (4.28)	0.0024** (15.01)	0.0152** (24.40)	0.3052	0.3021
C32	1.211*** (30.59)	0.0227** (7.56)	0.0103** (5.38)	0.0019*** (17.42)	0.0090** (15.46)	0.3258	0.3254
C33	1.018** (17.54)	0.0255** (10.24)	0.0197** (3.68)	0.0020*** (14.42)	0.0145** (22.26)	0.3018	0.3016
C34	0.927** (11.57)	0.0397*** (42.91)	0.0214*** (3.22)	0.0087*** (39.51)	0.0201** (15.50)	0.2897	0.2891
C35	0.881** (9.502)	0.0419*** (77.32)	0.0099** (11.24)	0.0079** (22.46)	0.0144** (44.50)	0.2886	0.2875

续表

行业代码	C	LnFS	LnHC	LnGC	LnFDI	R^2	$Adj-R^2$
C36	0.988** (27.43)	0.0268** (28.54)	0.0213** (9.28)	0.0078*** (15.55)	0.0126*** (27.27)	0.2922	0.2920
C37	0.855** (20.02)	0.0252*** (11.11)	0.0157*** (14.14)	0.0075*** (17.66)	0.0244*** (78.64)	0.2803	0.2801
C38	1.001** (13.27)	0.0310** (7.48)	0.0144*** (10.28)	0.0083** (15.42)	0.0099*** (37.46)	0.2709	0.2706
C39	1.241*** (27.00)	0.0287** (16.44)	0.0166** (9.20)	0.0090*** (23.42)	0.0122*** (29.31)	0.2884	0.2882
C41	0.881*** (27.03)	0.0268** (15.66)	0.0140*** (5.25)	0.0093*** (27.56)	0.0208*** (20.01)	0.2795	0.2789
C42	2.113** (32.57)	0.0330** (14.43)	0.0121** (11.24)	0.0084*** (27.62)	0.0174*** (18.88)	0.3003	0.3002
C43	1.653*** (22.28)	0.0288*** (16.63)	0.0197** (14.26)	0.0088*** (52.34)	0.0156*** (17.73)	0.2785	0.2783

注：*、**和***分别表示在10%、5%和1%的水平上显著；括号内为t统计，回归软件为SPSS 21.0。

二、城市分功能对制造业效率影响实证分析

在城市不断发展和扩大过程中，城市功能也在不断地丰富和发展，不同的城市功能对于城市的发展和壮大所起到的功能和作用也不尽相同，这同样适用于制造业。对于不同的城市功能，其通过不同的机制来对制造业以及制造业效率产生影响，因此，不同的城市功能对制造业产生的影响程度是不尽相同的，前面所讨论的是城市综合功能对制造业效率的影响，为了进一步分析城市功能对制造业的影响，需要讨论不同的城市功能对制造业效率的影响程度。城市功能中对制造业效率产生影响的分功能包括有工业中心功能、交通中心功能、商业中心功能、金融中心功能，将这些功能作为解释变量，将制造业效率作为被解释变量进行回归分析。由于分析的变量较多，且各变量对制造业效率的影响也不相同，因此采用的回归方法是逐步回归法，这种回归方法是不断引入新的变量，来分析不同的新加入的变量对于被解释变量的影响程度，这种分析方法

可以有效地避免多重共线性问题，回归结果归纳见表7-7。

表7-7　　　　城市分功能对制造业效率影响回归分析结果表

变量	技术效率	纯技术效率	规模效率	全要素生产率
C	1.3911*** (8.2651)	0.9215*** (7.5047)	1.0642*** (5.2980)	1.2647*** (10.2783)
工业中心功能	0.0922*** (1.0082)	0.0078*** (3.1761)	0.0942*** (2.5832)	
交通中心功能	-0.0053*** (-2.7651)		-0.0069*** (-3.2829)	
商业中心功能		-0.0090*** (-7.2671)		0.0837*** (6.6825)
金融中心功能		0.0015 (4.3827)	0.0328 (3.2781)	0.0702 (5.6219)
LnHC	0.0134*** (5.8123)			
LnGC				0.0192*** (4.2871)
LnFDI	-0.0411*** (-3.2871)	-0.0369*** (-2.5762)	-0.0149*** (-10.2813)	
R^2	0.2285	0.2901	0.2981	0.3016
Adj-R^2	0.2193	0.2878	0.2815	0.3000
Obs	260	260	260	260

注：*、**和***分别表示在10%、5%和1%的水平上显著；括号内为 t 统计，回归软件为 SPSS 21.0。

对表7-7的回归结果进行分析，可以得出以下结论。

（1）对于技术效率而言，在逐步回归法下，工业中心功能、交通中心功能、HC、FDI 会对制造业技术效率产生影响，并且都通过了1%的显著性水平检验。其中交通中心功能、FDI 会对制造业效率增长产生抑制效应，其余控制变量和解释变量会对制造业技术效应产生正的促进作用；在所有的分功能中，工业中心功能对制造业技术效率的影响最大。其中可能的原因是：随着制造业的发展，整个行业目前已经处于行业饱和的状态，尤其是对于那些中心城市而言，与其他行业相比，制造业的平均利润率相对较低，本地区的资本、劳动力不会向其中流入，而发达的交通中心功能为这些制造业企业提供了迁移的可能性,这会在一定程度上降低制造业的技术效率。

(2) 对于纯技术效率而言,在逐步回归法下,工业中心功能、商业中心功能、金融中心功能、外资比重会对纯技术效率产生影响,且这些影响因素都通过1%的显著性水平检验。其中,FDI在逐步回归法下对于制造业效率的也存在影响,但是这种影响为抑制效应。出现上述情况的原因可能是:商业中心功能显著的城市,其作为新技术、新想法的孵化器作用也就越发明显,在溢出效应下,制造业企业纯技术效率能够得到大幅度提升;对于FDI而言,长三角城市群地处沿海,吸引外资的数量和质量都要强于内陆城市群,但是随着2008年金融危机的爆发以及我国经济实力的增长,外资比重对我国部分制造业下属子行业产生了一定的抑制效应。

(3) 对于规模效率而言,工业中心功能、交通中心功能、金融中心功能、外资比重能够对制造业规模效率产生影响。其中,工业中心功能和金融中心功能对制造业效率有促进作用,交通中心功能、外资比重对制造业规模效率有抑制作用,且这些作用都不是很显著,参数系数值最大的为工业中心功能,仅为0.0098;外资比重对规模效率的有抑制作用。产生上述现象的原因可能是:发达的交通中心功能虽然能够降低运输成本,减少搜寻成本,产生正的外部性经济,但是随着集聚程度的加深,对于部分传统的制造业行业而言,运输成本的减少无法抵消集聚不经济的损失,这就会导致企业规模效率的降低;对于金融中心功能和工业中心功能而言,他们能够有效地促进生产性服务业的发展,进而提升制造业的分工水平,提高制造业的规模效率。

三、城市分功能对不同种类制造业效率影响实证分析

制造业下属多个子行业,并且这些子行业有着不同的特点,从已有的研究成果来看,不同的城市功能对于不同的子行业研究影响程度存在很大的差异,因此本节为了进一步分析城市功能对制造业效率的影响,将研究长三角城市群各城市的分功能对于不同制造业子行业的影响,根据前面对制造业子行业的划分,可以分为资源加工业、资本品制造业和消费品制造业。回归方法同样采用逐步回归法,具体见表7-8。

表 7-8 城市分功能对不同种类制造业技术效率影响回归结果表

制造业子行业	资源加工业	资本品制造业	消费品制造业
C	1.3104 *** (3.2568)	1.5020 *** (1.7651)	1.4127 *** (4.2782)
工业中心功能	0.0931 *** (6.2769)	0.0868 *** (5.2626)	0.0924 *** (11.3549)
交通中心功能		0.0342 *** (3.6720)	
商业中心功能	0.0381 *** (1.5424)	0.0424 *** (3.2891)	0.0545 *** (6.2782)
金融中心功能	-0.0691 *** (9.0126)	0.0525 *** (6.5420)	0.0481 *** (4.2729)
LnHC			
LnGC	0.0290 *** (3.7015)		
LnFDI	0.0043 *** (5.4526)	-0.0391 *** (3.2679)	0.0152 *** (1.8721)
R^2	0.2920	0.2201	0.3848
Adj - R^2	0.2908	0.2199	0.3820
Obs	260	260	260

注：*、**和***分别表示在10%、5%和1%的水平上显著；括号内为 t 统计，回归软件为 SPSS 21.0。

对于制造业下各子行业的技术效率而言，在逐步回归法下，工业中心功能、交通中心功能、商业中心工能、金融中心功能、HC、GC、FDI 会对资源加工业、资本加工业、消费品制造业的技术效率产生影响，并且都通过了1%的显著性水平检验。其中，对于资源加工业而言，交通中心功能对于资源加工业的技术效率有抑制效应，其余城市分功能为促进效应。这可能是因为长三角各城市群目前处于制造业产业结构转型阵痛期，资源加工业技术含量水平不高，且附加值相对较低，因此交通中心功能和金融中心功能会对资源加工业企业产生负的外部性。对于资本品制造业而言，政府规模、FDI 对于资本品制造业有着抑制效应，其余为正面促进效应。这可能是因为随着长三角城市群经济快速发展，地租以及劳动力成本的不断上升，外商投资结构发生转变，越来越多的跨国企业将研发中心放在长三角各城市内，而将生产基地、制造基地转移到中西部以及国外,这对于制造业资本品制造业产生了负的外部性。对于政府规模而言,由于当前长三角各第三级别城市为了转接来自上海、苏南的资本品制造业纷纷出台了有利于本地区的地方性政策或法规,恶性竞争和不良竞争层出不穷。对于消费品制造业而言,各城市功能以及控制变量都会对其发展产生正的外部性,回归结果见表7-9。

表7-9 城市分功能对不同种类制造业纯技术效率回归结果表

制造业子行业	资源加工业	资本品制造业	消费品制造业
变量	纯技术效率	纯技术效率	纯技术效率
C	1.0104 *** (14.1319)	1.2728 *** (22.8528)	1.3872 *** (5.2349)
工业中心功能	0.0531 *** (2.6715)	0.0472 *** (1.5679)	
交通中心功能		0.2131 *** (4.2827)	
商业中心功能	0.0580 *** (11.7514)	0.0318 *** (4.8016)	0.0425 *** (2.4541)
金融中心功能		0.0252 *** (3.1816)	0.0410 *** (2.0764)
$LnHC$	0.0134 *** (2.7802)	0.0142 *** (2.5050)	0.0130 *** (1.2729)
$LnGC$			
$LnFDI$		0.0381 *** (3.2034)	
R^2	0.2914	0.2320	0.2672
$Adj-R^2$	0.2901	0.2299	0.2668

注:*、**和***分别表示在10%、5%和1%的水平上显著;括号内为t统计,回归软件为SPSS 21.0。

对于制造业下各子行业的纯技术效率而言,在逐步回归法下,工业中心功能、交通中心功能、商业中心工能、金融中心功能、HC、GC、FDI会对资源加工业、资本加工业、消费品制造业的纯技术效率产生影响,并且都通过了1%的显著性水平检验。一般来说,纯技术效率的提升主要是由于制造业企业的管理水平以及技术水平提升所导致的。对于资源加工业来说,逐步回归法下,工业中心功能、商业中心功能以及人力资本水平会对资源加工业的纯技术效率产生影响,金融中心功能、政府规模以及外商投资则没有影响。这可能是因为长三角城市群作为国内最发达的城市群,其制造业门类齐全、行业饱和、利润率相对较低,对于政府部门以及跨国公司的吸引力较低。对于资本品制造业而言,除了政府规模,其余都对资本品制造业企业产生影响,其可能是因为近年来由于地方债务规模不断扩大,资本品制造业投资周期长、利润率相对于生产性服务业等行业较低,无法吸引政府部门的投资与关注;对于消费品制造业而言,商业中心功能以及金融中心功能对于消费品制造业影响较大,这可能是由于商业中心功能显著的区域其消费市场、消费潜力相对较大,其对于消费品制造业企业所产生的正外部性也更大。回归结果如表7-9所示。

四、基于 GMM 估计的稳健性检测

为了进一步验证城市功能发展对产业效率的影响,本节采用计量方法调整分析的稳健性检验。前面采用的混合估计虽然在一定程度上可以较细致地分析,但对数据假设条件要求较强,如不存在异方差和序列相关等,而对于广义矩估计(GMM)则不要求扰动项准确的分布信息,随机误差项允许异方差存在等。其中,L1. Z 表示因变量的滞后一期项。

由检验结果可知,对加入因变量一阶滞后项的动态面板数据模型估计均有效。从动态面板回归估计结果可以看出,城市综合功能的发展促进了产业效率的增长。主要表现在两方面:其一,城市功能发展促进了全要素生产率,且都通过了5%的显著性水平;其二,发挥城市功能的功效主要通过技术进步来拉动全要素生产率增长。这与前面混合估计结果保持一致,说明城市综合功能的提升促进了制造业效率增长,具体见表7-10。

表7-10　　　　　　　　　动态面板回归结果

	差分 GMM		系统 GMM	
	全要素生产率	技术效率变化	全要素生产率	技术效率变化
L1. Z	-0.1658*** (11.325)	-0.2753*** (9.247)	-0.1893*** (-7.328)	-0.3021*** (-8.3014)
C	1.2873*** (13.872)	0.9653** (22.729)	2.3120*** (4.521)	3.1416*** (1.768)

续表

	差分 GMM		系统 GMM	
	全要素生产率	技术效率变化	全要素生产率	技术效率变化
LnFS	0.0789*** (18.527)	0.1026*** (6.531)	0.1253* (5.209)	0.1127*** (4.493)
LnHC	0.1347*** (2.238)	0.1825*** (3.185)	0.0761*** (5.163)	0.0653*** (12.961)
LnGC	0.0312*** (7.137)	0.0426** (5.345)	0.1782*** (7.428)	0.0546*** (6.509)
LnFDI	0.2653*** (7.351)	0.1872*** (11.392)	0.1125*** (15.101)	0.1896*** (24.534)
Wald	105.271***	78.782***	80.854***	84.285***
AR（1）- P值	0.0000***	0.0012**	0.0000***	0.0325**
AR（2）- P	0.5781	0.6018	0.5692	0.6007
Sargan test - p	0.8256	0.8973	0.9651	0.9739

注：*、**和***分别表示在10%、5%和1%的水平上显著；括号内为标准误差，回归软件为stata 12.0。

第四节

小结

本节以长三角城市群制造业作为研究对象，在对制造业效率影响因素进行分析的基础上提出本章的研究论题：城市功能对制造业效率的影响。本章首先对制造业相关文献综述进行梳理，在前人的基础上进行研究。结合本章的研究需要，主要梳理的文献为制造业效率测度以及制造业效率的影响因素，通过对文献综述的梳理发现，目前研究城市功能对制造业效率影响的文献较少，但是相关的文献综述已经对两者的关系、影响机理进行了相当的探索，在此基础上，本章以长三角城市群城市功能现状作为切入视角，分析可能会对长三角城市群制造业效率产生影响的城市分功能，并对城市功能进行综合评价。此后，运用26个城市的相关数据，通过DEA模型来分析长三角城市群制造业的现实情况，即制造业效率（技术效率、纯技术效率、规模效率）。最后通过实证来分析城市功能及分功能对制造业效率的影响。综合来看，本章得出以下几个结论。

一、长三角各城市城市功能种类日趋完善

对于第一级别城市而言,其商业中心功能、金融中心功能不断发展并且在因果累计循环效应下不断得到加强;其资源中心功能与其他功能相比虽然也在增强,但是相对趋势下资源中心功能却在不断下降;交通中心功能和工业中心功能也在不断加强,但是增长幅度相对较小,这类型城市的代表是上海市。对于二级城市而言,商业中心功能、金融中心功能、资源中心功能、交通中心功能、工业中心功能都在不断加强,且增长幅度与一级城市相比都要更大,其中工业中心功能、交通中心功能增加的更为明显,这一类型城市的代表是合肥市。对于三级城市而言,其资源中心功能、商业中心功能、工业中心功能、交通中心功能、金融中心功能也在不断地加强,但是增长幅度与二级城市相比要更小,但是要比一级城市的增长幅度要大,这说明三级城市在城市功能方面有着显著的优势,这一类型城市的代表是泰州市。

二、长三角城市群制造业出现增长效应

从长三角城市群制造业总值来说,2017 年制造业总值达到 250986 亿元,是 2008 年制造业总值的两倍多;从长三角城市群制造业吸纳就业人数来看,2017 年制造业吸纳就业人数为 2301 万人,2008 年吸纳就业人数仅为 891 万人;从制造业效率来看,DEA 模型下长三角城市群绝大多数城市的技术效率均值达到 0.831,纯技术效率达到 0.842,规模效率达到了 0.853;从制造业效率变化来看,绝大多数城市的 EC、$PTEC$ 都在 1 以上。

三、城市功能的发展及增强会对制造业效率产生影响

通过对前人文献的梳理以及本章对长三角城市功能与制造业关系的研究,得出城市功能对制造业效率的作用机理:城市资源中心功能主要通过比较优势理论来对制造业效率产生影响,由于前人已对该部分做了充分研究,本章不在

赘述；对于城市商业中心功能而言，它通过城市化经济所获得产业集群外部性、人才集聚外部性、劳动力集聚外部性来提升制造业企业的竞争效率，进而提升制造业效率；对于城市工业中心功能而言，它主要通过地方化经济来实现对制造业企业生产效率的提升，对于制造业企业而言，城市工业中心功能越显著，制造业企业能够从生产性服务业企业以及关联企业所获得规模经济外部性也就越强，并且由于劳动力效率的提升，制造业企业能够更好地传递、分享新技术和各种有价值的信息，这些都会显著的提升制造业企业的生产效率，进而影响制造业效率；对于城市交通中心功能和金融中心功能而言，它们可以显著地降低制造业企业的运输成本，减少因信息不对称而造成的不必要损失，提升市场规模和制造业企业及关联企业的交易技术，这些都会显著地提升制造业企业的交易效率，进而提升制造业效率。

四、城市功能对不同类型制造业子行业的技术效率和纯技术效率影响存在差异

对于资源加工业的技术效率，交通中心功能和金融中心功能对于其技术效率有着抑制效应，而资源中心功能则没有影响；其纯技术效率受到工业中心功能、商业中心功能和交通中心功能的正面影响，其余城市分功能则对其没有影响。对于资本品制造业而言，其技术效率受到除资源中心功能外所有城市分功能的正面影响；其纯技术效率也同样受到除资源中心功能外所有城市分功能的正面影响。对于消费品加工业而言，其纯技术效率受到交通中心功能、商业中心功能和金融中心功能的正面影响。

第八章

基于数量视角分析杭州及周边城市制造业的空间分布及演变

第一节 杭州及周边城市制造业的发展脉络

一、工业生产总值呈现增长态势

本章主要讨论杭州市及周边的宁波市、嘉兴市、湖州市、绍兴市、金华市和衢州市的制造业发展。制造业产值是工业总产值的重要组成部分，所以通过分析工业生产总值的变化来看制造业的发展态势。由于有些城市相关数据缺失，故选择2003～2013年作为本节研究时间区间。纵观2003～2013年所研究的七个城市规模以上工业总产值的变化趋势（图8-1），虽然在此期间，规模以上工业企业的统计口径发生过调整，但总体来看七个城市规模以上的工业总产值都还是基本呈现出增长的趋势。2008年由于经历全球经济危机，相对于其余五个城市来说，杭州市和宁波市的工业受到的影响较大，这两个城市规模以上的工业总产值略有下降。2003～2012年规模以上工业总产值由高到低分别为杭州市、宁波市、绍兴市、嘉兴市、金华市、湖州市、衢州市，其中杭州市和宁波市规模以上工业总产值的增长速度较快，直到2013年，宁波市规模以上的工业总产值超过了杭州市。

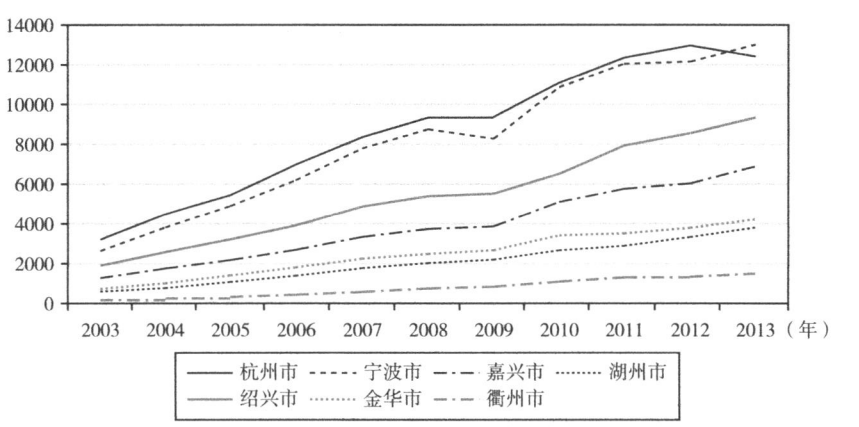

图 8-1　2003~2013 年杭州及周边城市规模以上工业总产值的变化趋势

数据来源：《中国城市统计年鉴》。

二、2003 年后进入重工业化发展阶段

由于绍兴市、金华市和衢州市缺少 2003 年、2008 年、2013 年轻工业和重工业总产值的部分或全部数据，故三者间的比例关系无法计算得出。本节此部分主要分析杭州市、宁波市、嘉兴市和湖州市农业、轻工业和重工业之间的比例关系。从该四个城市农业、轻工业和重工业的比例关系来看（具体见表 8-1）2003~2013 年杭州市、宁波市、嘉兴市和湖州市的农业比重都很低，均呈现出下降的趋势，其中杭州市和宁波市相对于其他两个城市来说农业比重最低，且变化幅度较小。从表中还可以看到，杭州市、宁波市和嘉兴市的轻工业比重逐渐下降，而重工业比重却不断上升，并占据主要地位，湖州市的重工业产值比重虽然在 2013 年略有下降，但仍占有绝对优势，占据着主导地位，这表明杭州市、宁波市、嘉兴市和湖州市在 2003 年之后就由轻工业为主导过渡到了重工业化阶段。杭州市和宁波市在 2003 年时重工业比重已经超过轻工业比重，甚至高达 50% 以上，说明杭州市和宁波市比研究范围内的其他城市更早转向重工业发展阶段。宁波市的重工业产值比重是所研究城市中最高的一个城市，在 2013 年甚至达到了 70.92%，表明宁波市是一个重工业发达的重工业城市。通过对比杭州市、宁波市、嘉兴市和湖州市这四个城市和浙江省农业、轻工业

和重工业产值之间的比例关系,可以发现这四个城市工业化的发展进程与浙江省整体的变化趋势相同,均在 2003 年之后进入重工业化阶段。虽然绍兴市和金华市的部分或全部数据缺失,但通过已有数据并结合浙江省整体的产值比重变动进行分析,可以发现绍兴市和金华市同样在 2003 年后经历了由轻工业为主向重工业化转型的发展阶段,而衢州市在 2008 年的重工业产值比重就高达 70.56%,成为重工业城市。

表 8-1　　主要年份农业、轻工业、重工业产值的比例关系

年份	产业	浙江省	杭州市	宁波市	嘉兴市	湖州市	绍兴市	金华市	衢州市
2003	农业	3.95%	3.00%	2.86%	4.09%	6.26%	3.69%	—	—
	轻工业	49.68%	47.41%	41.38%	59.46%	47.39%	64.79%	—	—
	重工业	46.36%	49.59%	55.76%	36.45%	46.35%	31.52%	—	—
2008	农业	2.61%	1.48%	1.35%	2.11%	3.03%	1.97%	—	5.70%
	轻工业	40.41%	40.69%	31.75%	53.21%	40.55%	57.91%	—	23.74%
	重工业	56.98%	57.83%	66.91%	44.68%	56.42%	40.12%	—	70.56%
2013	农业	2.08%	1.71%	1.53%	1.75%	2.43%	无数据	—	—
	轻工业	38.44%	38.52%	27.55%	46.77%	43.18%	无数据	—	—
	重工业	59.49%	59.77%	70.92%	51.48%	54.39%	无数据	—	—

数据来源:浙江、杭州及周边城市的《统计年鉴》。

第二节

杭州及周边城市制造业的内部结构特点

通过计算杭州及周边城市制造业行业产值占工业总产值比重的前五大行业来分析每个城市制造业内部的结构特点,可以发现杭州及周边各个城市的劳动密集型行业产值比重逐渐降低,而技术密集型和资本密集型行业的产值不断增加,比重上升,慢慢发展起来。

从杭州市产值比重最高的前五名行业来看,2003 年杭州市劳动密集型的

纺织业产值比重最高，为13.75%，但是不具备很强的相对优势，通信设备、计算机及其他电子设备制造业、电气机械及器材制造业、交通运输设备制造业三大技术密集型行业紧随其后，该三大行业产值比重总和达到25%以上。资本密集型的通用设备制造业产值比重位列第五名，产值比重相对较低。2008年纺织业产值比重下降4个多百分点，但仍为产值比重最高的行业，而且可以发现其余的四个行业均为技术密集型行业。2013年纺织业产值比重继续下降，技术密集型的化学原料和化学制品制造业取代纺织业的地位，成为杭州市产值比重最高的制造业行业，其比重为10.14%。从2003年、2008年和2013年三年杭州市制造业行业产值比重的变化中可以看出，杭州市逐渐由劳动密集型行业为主导的制造业发展中转变为了技术密集型行业为主导。

宁波市在2003年电气机械及器材制造业、石油加工、炼焦和核燃料加工业等行业就占据了主导地位，表明宁波市早在2003年就已经是技术密集型和资本密集型行业为主导的制造业发展结构，这两类行业的产值比重总和也在逐渐上升，2013年总和高达46.95%，将近占工业总产值的一半。

2003年嘉兴市和绍兴市制造业产值比重排名前五的行业都以轻纺工业行业为主，产值比重总和达到35%以上，到2008年和2013年该类行业产值比重逐渐下降，但仍占据主导地位。在此期间，嘉兴市和绍兴市的化学纤维、化学原料和化学制品制造业等技术密集型行业也逐渐发展起来。

湖州市2003年是以纺织业、木材加工及木竹藤棕草制品业等劳动密集型行业为主导，之后两类行业比重逐渐降低，电气机械及器材制造业和黑色金属冶炼和压延加工业等技术密集型和资本密集型行业产值逐渐增加，比重上升。

虽然金华市的纺织业产值比重在2003~2013年有上升的趋势，但前五名中的劳动密集型行业产值比重总和是在下降的。技术密集型和资本密集型行业，如金属制品业、有色金属冶炼和压延加工业、电气机械和器材制造业产值比重逐渐上升。

衢州市从2003年起就是以技术密集型和资本密集型行业为主导的制造业结构，其中化学原料及化学制品制造业始终占据首要地位，2003年，其产值比重达到衢州市工业生产总值的28.77%。

第三节

研究区域、数据来源及研究方法

一、研究区域及数据来源

本节研究区域为浙江省杭州市以及与杭州市关系密切的周边城市（宁波市、嘉兴市、湖州市、绍兴市、金华市和衢州市），如图8-2所示。企业数据来源于工业企业数据库，选取2003年、2008年、2013年作为研究时间节点，获取七个城市的制造业企业信息。国家统计局在实施工业统计调查以来，曾多次修改调整工业企业规模划分标准，在本书研究期内，规模以上工业企业的统计口径在2011年由主营业务收入500万元调整为2000万元。为使本书在研究期内不同年份具有可比性，参考李建新等（2018）的数据处理方法，将2003年和2008年数据剔除主营业务收入低于2000万元的企业数据，最终整理出总共52481个有效制造业企业信息，其中2003年7260个，2008年18509个，2013年26712个，再通过xGeocoding地理编码软件和百度地图的API接口，按照工业企业数据库中给出的制造企业的地址信息查找各企业地理坐标，最后使用ArcGIS 10.2将查找出的企业坐标转换为企业空间点数据文件，与行政区划矢量图叠加进行分析。基于精确到县区的七个城市的行政区划图，先是总的分析制造业企业数量上的空间分布及演变状况，其次再结合《国民经济行业分类》（GB/T4754-2011），选取18个两位数制造业作为研究对象，将其分为劳动密集型、资本密集型和技术密集型三类，再具体行业进行分析。

二、研究方法

对于杭州及周边城市制造业空间分布的研究主要采用定量分析法，在获取工业企业数据点文件和行政区矢量图的基础上，采用标准差椭圆、核密度分析方法分析杭州及周边城市制造业企业的空间分布及演变状况。

第八章 基于数量视角分析杭州及周边城市制造业的空间分布及演变

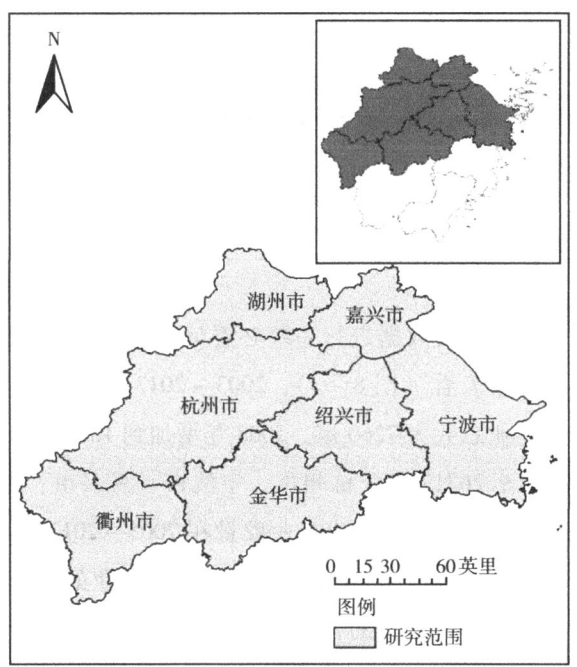

图8-2 研究范围

(一) 标准差椭圆

标准差椭圆能够从中心趋势、离散和方向趋势三个方面概括地理要素的空间特征。标准差椭圆的主要参数有中心点经度、中心点维度、长轴标准差、短轴标准差等。中心点的经纬度能够表示全部地理要素在空间上的中心地理位置，长轴表示地理要素在空间上的分布方向，长轴越长，表示地理要素更具有方向性。短轴表示地理要素在空间上的分布范围，短轴越长，表示地理要素的离散化程度也就越高。

(二) 核密度分析

核密度分析是一种非参数的估计方法，用来计算点、线等地理要素在其周围领域中的密度，即借助一个移动的单元格，对给定区域的点或线格局的密度进行估计。当计算出的核密度值越高时，表明要素在空间上的集聚程度越高；反之，核密度值越低，说明要素的分布更加分散，不具备空间集聚性。

第四节

杭州及周边城市制造业的空间布局演变

一、制造业企业总体特征

通过对制造业企业原始数据进行一些必要处理之后，从研究区域七个城市的制造业企业有效数据来看（图8-3），2003~2013年制造业企业数量逐渐上升，2003年制造业企业总数为7260家，2008年增加到18509家，到2013年，制造业企业总数又增加至26712家。杭州市、宁波市、嘉兴市、湖州市、绍兴市、金华市、衢州市这七个城市的制造业企业数量在2003~2013年研究期内也分别呈现出同样的增长趋势。从2008年和2013年制造业企业的增长速度来看，无论是制造业企业总量还是七个城市的样本量，2008年制造业企业的增长速度远远高于2013年，表明2008年是研究期内制造业企业数量井喷式增长的一年。

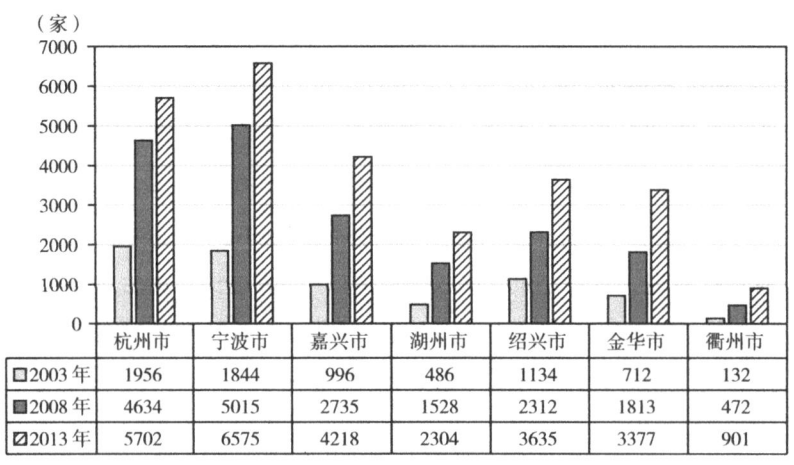

图8-3 2003~2013年杭州及周边城市制造业企业数量

为方便比较，将研究期内不同年份制造业企业数量划分为相同的五个等级，如图8-4所示。2003年杭州及周边城市制造业企业数量总体上较少且没有一个地区企业数量在800家以上。制造业企业主要分布在杭州市萧山区和余

第八章 基于数量视角分析杭州及周边城市制造业的空间分布及演变

杭区，其中萧山区制造业企业数量最多，达到 658 家，余杭区次之，为 447 家。杭州市富阳区，嘉兴市海宁市，绍兴市越城区、柯桥区，宁波市鄞州区、慈溪市、余姚市这些地区制造业企业数量则处于第二梯度。其他地区制造业企业数量均较少，低于 200 家。2008 年研究区域内制造业企业数量激增，呈现出由 2003 年制造业企业数量高值区向外围扩散和转移的趋势，并且出现企业数量在 800 家以上的最高值地区，分别是杭州市萧山区、余杭区和宁波市慈溪市。杭州市、宁波市、绍兴市、湖州市、嘉兴市的大多数区县制造业企业数量均有所增加，数量变化较为明显。2013 年，制造业企业数量进一步增加，研究区域内制造业企业数量在 800 家以上的地区数量也显著增加。较 2008 年，2013 年增加的最高值区包括嘉兴市桐乡市、海宁市，绍兴市柯桥区、诸暨市，宁波市鄞州区、余姚市。除了杭州市上城区、下城区、江干区、拱墅区、西湖区、滨江区、淳安县，金华市金东区、磐安县，衢州市柯城区、衢江区、龙游县、开化县、常山县，研究区内其他地区均在 2008 年企业数量分布的基础上有明显的增长。

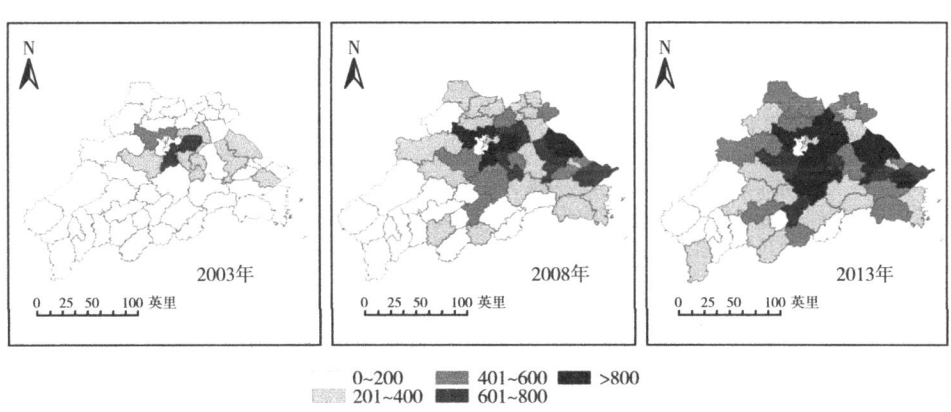

图 8 - 4　2003 ~ 2013 年杭州及周边城市各个区县的制造业企业数量

二、制造业企业分行业特征

参考江静等（2007）的研究，按照《国民经济行业分类》（GB/T4754 - 2011），选取制造业中的 18 个行业作为研究对象，将其分为劳动密集型、资本密集型和技术密集型三类（表8-2），分行业分类型进行制造业的空间分布演化分析。2003年、2008年的数据中，将黑色金属冶炼和压延加工业、金属制品业、通用设备制造业、专用设备制造业、电气机械和器材制造业、计算机、通信和其他电子设备制造业行业的大类代码按照2011年行业分类标准进行调整；汽车制造业按照行业中类代码372筛选；仪器仪表制造业按照2011年行业分类标准中的行业中类名称（通用仪器仪表制造、专用仪器仪表制造、钟表与计时仪器制造、光学仪器和眼镜制造、其他仪器仪表的制造）对2003年、2008年的数据进行筛选；2003年和2008年两年的铁路、船舶、航空航天和其他运输设备制造业是将该两年的行业大类代码为37的两位数制造业剔除行业中类代码为372的汽车制造业。

表8-2　　　　制造业行业划分及研究范围内的企业数量

类型	两位数制造业	企业数量/家		
		2003年	2008年	2013年
劳动密集型	13 农副食品加工业；14 食品制造业；15 酒、饮料和精制茶制造业；17 纺织业；21 家具制造业	1874	4701	5747
资本密集型	25 石油加工、炼焦及核燃料加工业；31 黑色金属冶炼和压延加工业；33 金属制品业；34 通用设备制造业；35 专用设备制造业；36 汽车制造业；40 仪器仪表制造业	1578	4728	7010
技术密集型	26 化学原料和化学制品制造业；27 医药制造业；28 化学纤维制造业；37 铁路、船舶、航空航天和其他运输设备制造业；38 电气机械和器材制造业；39 计算机、通信和其他电子设备制造业	1422	3892	5795

从企业数量上来看，2003~2013年，劳动密集型、资本密集型和技术密集型三类制造业企业数量变化和增长速度与制造业企业总体变化趋势一致，制造业数量在研究期内逐渐上升，并且2008年企业数量的增长速度远远高于2013年。为方便不同年份之间的比较，将三类制造业数量划分为相同的五个等级。

（一）劳动密集型企业空间分布演化

劳动密集型企业在2003~2013年，表现出研究区域内由中心集聚向周围扩散的趋势，企业数量高值区大致呈现出纵向东北—西南分布特征，如图8-5所示。2003年，总体来看劳动密集型企业数量分布地区间的差异很大，有两大高值区：杭州市萧山区和绍兴市柯桥区，这两个地区劳动密集型企业数量最多，分别为242家和223家。杭州市余杭区、绍兴市越城区虽然制造业企业数量较多，但与高值区相比，差距仍然较大。2008年，制造业企业数量激增，相应劳动密集型企业的数量也增加，并且集聚分布范围更加广泛。在2003年制造业企业数量高值地区的基础上，2008年又新增杭州市余杭区，嘉兴市桐乡市、海宁市，绍兴市越城区，其次是嘉兴市秀洲区、绍兴市诸暨市。宁波市、湖州市、嘉兴市和绍兴市制造业企业数量变化较为明显。2013年劳动密集型企业数量高值分布区域范围进一步扩大，较2008年又新增湖州市长兴县、嘉兴市秀洲区，金华市义乌市和兰溪市为第二大高值区，制造业企业数量在150~200家。杭州市萧山区，绍兴市柯桥区劳动密集型企业数量在2003~2013年均处于高值区范围。

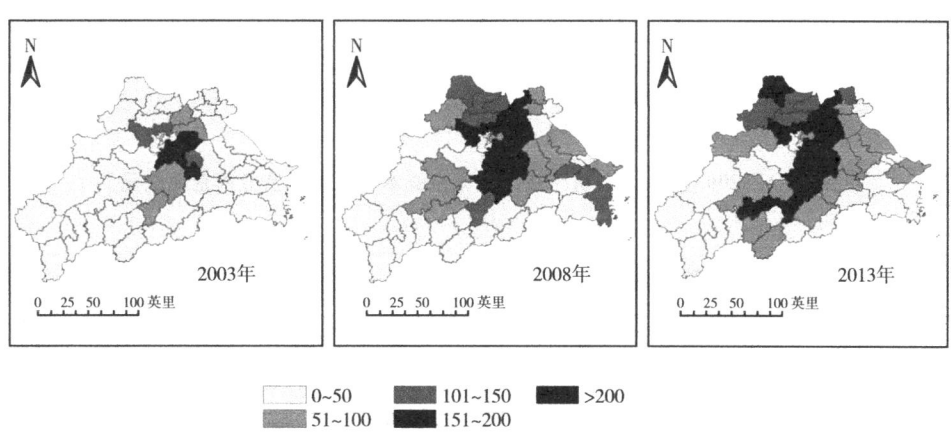

图8-5　2003~2013年杭州及周边城市劳动密集型制造业的企业数量

（二）资本密集型企业空间分布演化

2003~2013年研究区域内资本密集型企业的空间分布（图8-6）大致呈现出由中间区域向南扩散和转移的趋势，企业数量高值区逐渐成"几"字型分布，可以看出资本密集型企业主要分布在杭州市、宁波市、绍兴市以及金华市西部和南部地区。2003年，从整个研究区域来看，资本密集型企业数量还较少,只有杭州市萧山区、余杭区,宁波市鄞州区、余姚市相对多一些,企业数量分别为106家、117家、106家和105家。2008年,资本密集型企业数量迅速增加,分布范围也更加广泛。较2003年,杭州市萧山区、余杭区,宁波市北仑区、鄞州区、慈溪市、余姚市成为资本密集型企业的主要分布区,企业数量均在200家以上。宁波市镇海区、绍兴市诸暨市、金华市永康市的资本密集型企业数量介于150~200家,为第二大高值区。到2013年,资本密集型企业空间分布的高值区较2008年又增加了宁波市镇海区、绍兴市诸暨市、金华市永康市和武义县。

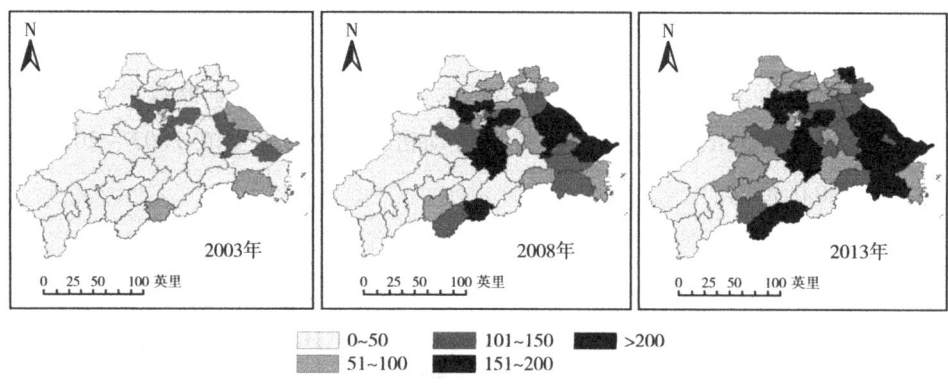

图8-6 2003~2013年杭州及周边城市资本密集型制造业的企业数量

(三)技术密集型企业空间分布演化

2003~2013年,研究区域内的技术密集型企业总体呈现出由杭州市萧山区、余杭区为中心,横向、纵向扩散和转移的趋势,主要分布在杭州市、宁波市和绍兴市以及金华市的部分地区,如图8-7所示。其中技术密集型企业数量高值区主要呈现出东—西横向的分布特征。2003年,研究区域内技术密集型企业的数量同样较少,仅有杭州市萧山区、宁波市慈溪市相对较多,企业数量分别为121家、123家。2008年,技术密集型企业数量高值区域包括杭州市萧山区、余杭区,宁波市余姚市、慈溪市,初步有横向扩散和转移的趋势。2013年企业数量最多的区域较2008年又新增杭州市临安区、宁波市鄞州区,呈现出更加明显的横向带状分布。

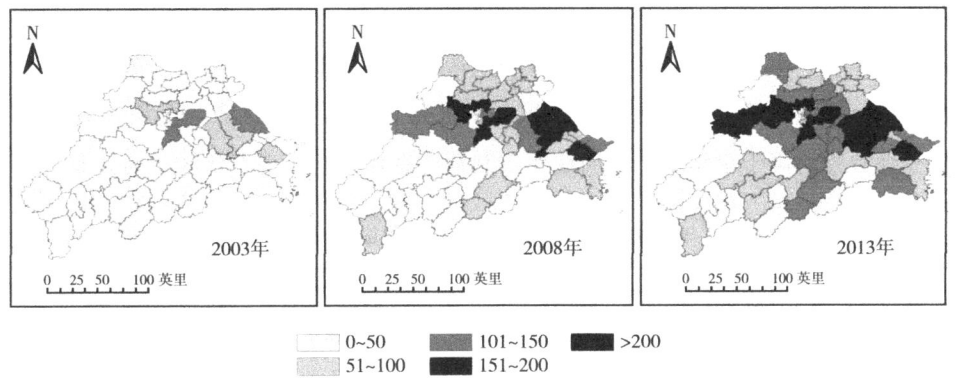

图 8-7 2003~2013 年杭州及周边城市技术密集型制造业的企业数量

三、制造业企业郊区化特征

对 2003 年、2008 年和 2013 年各个城市的市辖区和县（县级市）制造业企业数量占全市制造业企业总数的相对份额进行统计对比分析，计算结果见表 8-3。总体来看，杭州市和宁波市市辖区制造业企业数量占全市的比重均高于县（县级市）。湖州市、嘉兴市、绍兴市、衢州市和金华市则相反，县（县级市）的比重高于市辖区。杭州市、湖州市和嘉兴市市辖区的制造业企业占全市的比重在研究期内逐渐下降，而县（县级市）的比重逐渐上升，表明制造业企业有明显的郊区化趋势。对于一些经历行政区划调整的城市，在计算制造业企业占比时，是否考虑行政区划调整因素会对计算结果会产生较大的影响。由于绍兴市在 2013 年经历了行政区划的调整，撤销了绍兴县和上虞市，分别设立柯桥区和上虞区，因此在计算时将 2013 年市辖区和县（县级市）的企业个数及占比数据划分为行政区划调整前以及调整后。若不考虑行政区划的调整，绍兴市在研究期内市辖区制造业企业占全市的比重逐渐下降，与杭州市、湖州市和嘉兴市的变化趋势相同。若考虑撤县设区、撤市设区的影响，绍兴市市辖区制造业企业占全市的比重在 2003~2013 年呈现先降低后上升，在 2008 年绍兴市制造业有郊区化的趋势，但在 2013 年市辖区增加柯桥区和上虞区两个区，因此市辖区制造业企业数量增加，占全市的比重也上升。宁波市和嘉兴市的市辖区制造业企业占全市的比重是先上升后降低，2013 年同样出现制造业郊区化的趋势。相反，衢州市市辖区制造业企业占全市的比重在研究期内则是先降低后上升。由于衢州市的经济发展和制造业产业基础较弱，该市制造业企业数量在研究期内均最少，但从整体来看，在研究期内衢州市的县（县级市）制造业企业数量均高于市辖区，表明衢州市制造业企业始终呈现着郊区化的分布。

表8-3 2003年、2008年、2013年杭州及周边城市制造业企业的区县分布

地区	2003年企业个数（占比%）		2008年企业个数（占比%）		2013年企业个数（占比%）	
	市辖区	县（县级市）	市辖区	县（县级市）	市辖区	县（县级市）
杭州市	1505 (76.94)	451 (23.06)	3353 (72.36)	1281 (27.64)	3936 (69.03)	1766 (30.97)
宁波市	966 (52.39)	878 (47.61)	2832 (56.47)	2183 (43.53)	3508 (53.35)	3067 (46.65)
嘉兴市	217 (21.79)	779 (78.21)	601 (21.97)	2134 (78.03)	886 (21.01)	3332 (78.99)
湖州市	237 (48.77)	249 (51.23)	671 (43.91)	857 (56.09)	833 (36.15)	1471 (63.85)
绍兴市	293 (25.84)	841 (74.16)	504 (21.80)	1808 (78.20)	619 (17.03) 2121 (58.35)	3016 (82.97) 1514 (41.65)
金华市	135 (18.96)	577 (81.04)	294 (16.22)	1519 (83.78)	537 (15.90)	2840 (84.10)
衢州市	44 (33.33)	88 (66.67)	116 (24.58)	356 (75.42)	273 (30.30)	628 (69.70)

第五节

杭州及周边城市制造业的空间集聚演变特征

一、基于最邻近指数的制造业空间集聚特征

（一）最邻近指数

最邻近指数是根据每个点要素与其最近邻点要素之间的平均距离计算得出的，该指数能够很好地反映点状要素的空间分布特征。点要素根据最邻近指数

第八章 基于数量视角分析杭州及周边城市制造业的空间分布及演变

的大小可以分为均匀、随机和聚集三种空间分布模式,均匀型空间分布其点要素的最邻近指数最大,聚集型空间分布其点要素的最邻近指数最小。最邻近指数的具体测算方式步骤是:首先测量每个点要素与其最近邻点要素的两个质心位置之间的距离,然后对得出的所有最近邻距离取其平均值。通过比较该平均距离与假设随机分布中的平均距离来判断所分析的点要素是集聚要素还是分散要素。

(二) 制造业总体集聚特征

运用最近邻指数对杭州及周边城市2003年、2008年和2013年制造业企业总体的集聚程度进行测度,分析其空间集聚特征,计算结果见表8-4。2003年、2008年、2013年最邻近比率即最邻近指数分别为0.30、0.25、0.25,数值远小于1,表明杭州及周边几个城市的制造业企业总体来看呈集聚分布。三个年份的z值分别为-114.21、-194.42、-235.86,均通过了1%的显著性水平,说明杭州及周边城市制造业企业总体的空间集聚性非常显著。

(三) 制造业分行业集聚特征

分行业来看,三个年份劳动密集型、资本密集型和技术密集型企业的最邻近指数也均小于1,并且在1%的水平上显著,与制造业企业总体数据样本一致,同样呈现出显著性的空间集聚特征。

表8-4　　2003年、2008年、2013年制造业总体和分行业类型的最邻近指数

年份	类型	平均最近距离(m)	预期平均距离(m)	最邻近比率	z值	p值	分布特征
2003	制造业企业总体	633.75	2117.30	0.30	-114.21	0.00	显著集聚
	劳动密集型	1360.26	3992.53	0.34	-54.60	0.00	显著集聚
	资本密集型	1567.66	4359.94	0.36	-48.67	0.00	显著集聚
	技术密集型	1657.09	4659.91	0.36	-46.49	0.00	显著集聚
2008	制造业企业总体	341.41	1349.38	0.25	-194.42	0.00	显著集聚
	劳动密集型	743.25	2550.48	0.29	-92.94	0.00	显著集聚
	资本密集型	762.16	2602.84	0.29	-93.03	0.00	显著集聚
	技术密集型	823.59	2864.62	0.29	-85.04	0.00	显著集聚

续表

年份	类型	平均最近距离 (m)	预期平均距离 (m)	最邻近比率	z 值	p 值	分布特征
2013	制造业企业总体	280.20	1140.66	0.25	-235.86	0.00	显著集聚
	劳动密集型	642.99	2390.03	0.27	-106.01	0.00	显著集聚
	资本密集型	583.90	2150.73	0.27	-116.69	0.00	显著集聚
	技术密集型	678.31	2419.85	0.28	-104.81	0.00	显著集聚

二、制造业企业总体空间分布格局

(一)标准差椭圆分析

通过对七个城市制造业企业数据进行标准差椭圆分析,结果见图 8-8 与表 8-5,可以发现,2003~2013 年杭州及周边城市制造业总体呈现出"东北—西南"为主导的空间分布格局,研究期内杭州及周边城市制造业空间分布格局的重心由 2003 年的 (120.589917, 30.057064) 转移到 2008 年的 (120.584577,

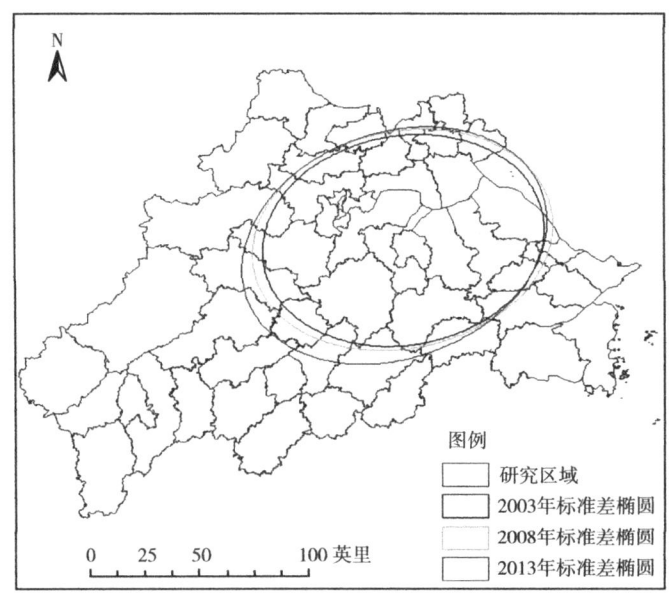

图 8-8 2003~2013 年杭州及周边城市制造业标准差椭圆

30.060731),再转移到 2013 年的（120.530598，30.02462），2003~2008 年制造业空间分布重心先是呈现出向西北方向转移的趋势，2008~2013 年又向西南方向转移，但重心变化微小。通过百度地图坐标反查可以发现，研究期内的制造业企业重心均在绍兴市越城区。从生成的椭圆面积大小来看，2003 年椭圆面积为 2.029477，2008 年增加到 2.252288，说明制造业企业集中程度上升，到 2013 年，椭圆面积又上升到 2.42133，说明制造业企业集中程度又进一步得到扩大。

表 8-5　2003~2013 年杭州及周边城市制造业标准差椭圆数据

区域	年份	中心点经度	中心点纬度	长轴标准差	短轴标准差	转角（°）	椭圆面积
研究范围	2003	120.589917	30.057064	0.686349	0.941264	79.834	2.029477
	2008	120.584577	30.060731	0.711761	1.007309	78.182	2.252288
	2013	120.530598	30.02462	0.740104	1.041445	70.701	2.42133

（二）核密度分析

基于制造业企业点的空间分布，运用核密度分析方法，分析制造业企业在研究区域范围内的密度或者说聚集程度。为方便不同年份之间的比较，将 2003 年、2008 年、2013 年的制造业企业核密度值分成相同的五类。整体来看（如图 8-9 所示），2003~2013 年杭州及周边城市的制造业企业呈现出"整体分布广泛，局部相对集中"的空间分布现象，具有明显的规模优势，呈现出连片分布的特征，核密度值由此向外围逐级扩散，其他地区的制造业企业集聚规模较小，且较为分散。2003 年，制造业企业较少，核密度较高值区主要分布在杭州市（下城区、余杭区、滨江区、江干区、萧山区）、绍兴市（柯桥区、越城区），宁波市（江北区、镇海区、海曙区、鄞州区、北仑区）。2008 年，制造业企业的核密度在 2003 年的基础上急剧上升，出现了大规模的集聚点，到 2013 年又进一步扩张，可以看出制造业企业有由杭州市和绍兴市的交界地区和宁波市的核密度高值区即企业集聚程度高的地区向外扩散的趋势，使湖州市、嘉兴市和金华市部分地区的制造业企业数量增多并出现规模性的集聚中心。

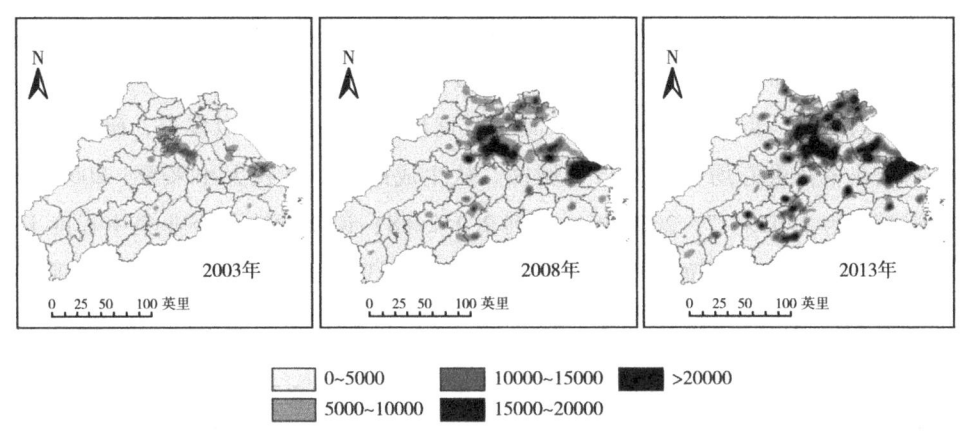

图 8-9 2003~2013 年杭州及周边城市制造业的核密度

三、制造业企业分行业空间分布

同样,采用上述方法对杭州及周边城市不同类型的制造业企业进行分析。

(一) 标准差椭圆分析

通过对杭州及周边地区总共七个城市的三种类型制造业企业数据进行标准差椭圆分析,结果见图 8-10 和表 8-6,研究期内劳动密集型制造业企业空间分布格局的重心一直在向西南方向转移,由 2003 年的 (120.502613, 30.14928) 转移到 2008 年的 (120.497262, 30.141225),2013 年又转移到 (120.365668, 30.137833)。通过百度地图坐标反查可以发现,劳动密集型制造业企业的空间分布重心在研究期内始终位于绍兴市柯桥区。2003~2008 年,资本密集型制造业企业的空间分布重心由 (120.705551, 29.928813) 向东北方向转移到 (120.717101, 29.979366),但始终在绍兴市越城区内,到 2013 年资本密集型制造业企业的空间分布重心又向西南方向转移到了绍兴市柯桥区 (120.65724, 29.943784)。技术密集型制造业企业的空间分布重心,也呈现出了向西南方向进行转移趋势,由 2003 年的 (120.643233, 30.050544) 转移到 2008 年的 (120.606541, 30.03135),2013 年又继续向西南方向转移到 (120.565421, 30.019755),通过坐标反查发现技术密集型制造业企业的空间分布重心在研究期内均处于绍兴市越城区。通过对比可以发现，三大类型制造业企业的分布方向与制造业企业总体分布方向一致，同样呈现出"东北—西南"走向的空间分布格局，且其空间分布重心均位于绍兴市，表明所研究的七个城市中，绍兴市是制造业的重心。

从生成的椭圆面积大小来看，劳动密集型、资本密集型和技术密集型制造业企业的集中程度总体上是逐渐上升的。三大类型制造业中，资本密集型和技术密集型制造业企业的集中程度在研究期内均处于较高水平，表明杭州及周边城市关于这两类制造业发展的配套基础设施、各种条件等具有优越性，能够吸引相关企业在研究区域内集聚。

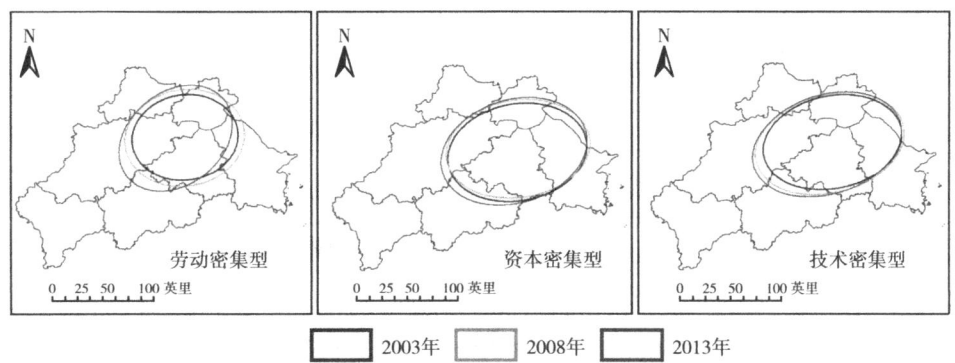

图 8-10　2003～2013 年杭州及周边城市三大类型制造业的标准差椭圆

表 8-6　　　2003～2013 年杭州及周边城市三大类型制造业标准差椭圆数据

类型	年份	中心点经度	中心点纬度	长轴标准差	短轴标准差	转角（°）	椭圆面积
劳动密集型	2003	120.502613	30.14928	0.621758	0.771846	81.665	1.507575
	2008	120.497262	30.141225	0.70171	0.8715	80.152	1.921108
	2013	120.365668	30.137833	0.677958	0.899927	51.391	1.916653
资本密集型	2003	120.705551	29.928813	0.693402	1.007724	80.165	2.195141
	2008	120.717101	29.979366	0.695857	1.043117	81.718	2.280225
	2013	120.65724	29.943784	0.738324	1.072965	73.86	2.488578
技术密集型	2003	120.643233	30.050544	0.656714	1.019656	79.179	2.103554
	2008	120.606541	30.03135	0.697512	1.100996	76.375	2.412434
	2013	120.565421	30.019755	0.703753	1.108734	73.578	2.451146

(二)核密度分析

在三类制造业企业点的空间分布图的基础上,运用 ArcGIS 软件中的核密度分析方法,分析不同类型制造业企业在研究区域范围内的密度或者聚集程度。同样,为了方便三类制造业不同年份之间的比较,将 2003 年、2008 年、2013 年的三类制造业企业核密度值分成相同的五类,如图 8-11、图 8-12、图 8-13 所示。

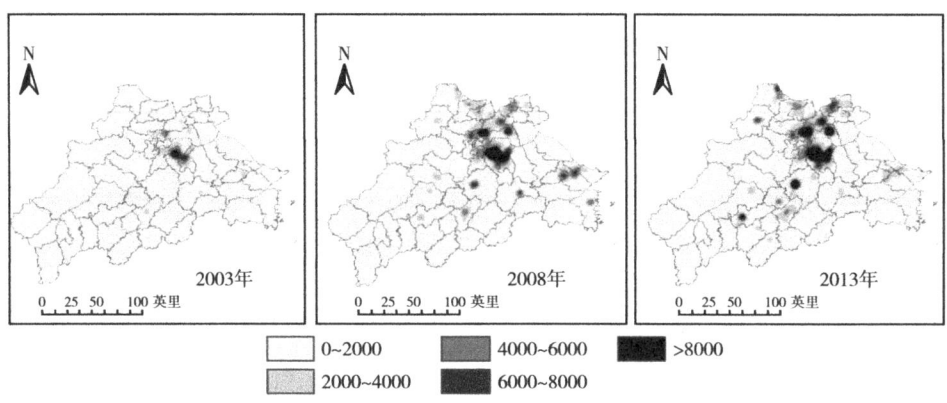

图 8-11 2003~2013 年杭州及周边城市劳动密集型制造业的核密度

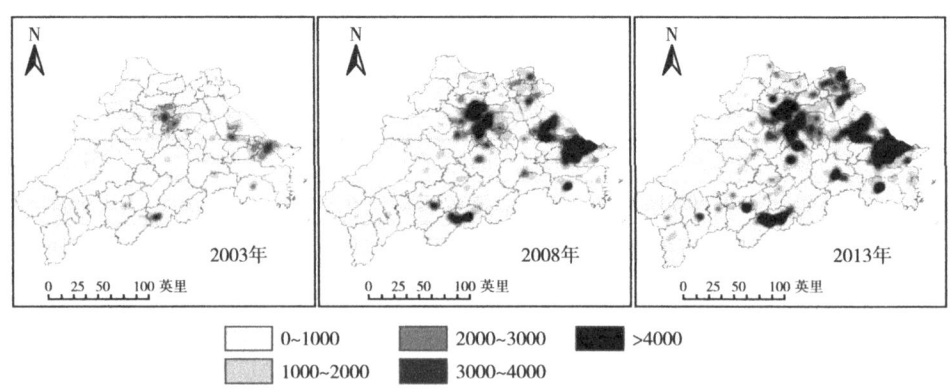

图 8-12 2003~2013 年杭州及周边城市资本密集型制造业的核密度

2003 年劳动密集型制造业企业的分布主要集中在杭州市萧山区以及绍兴市柯桥区和越城区的交界处,整体来看分布范围小且集中。到 2008 年,劳动

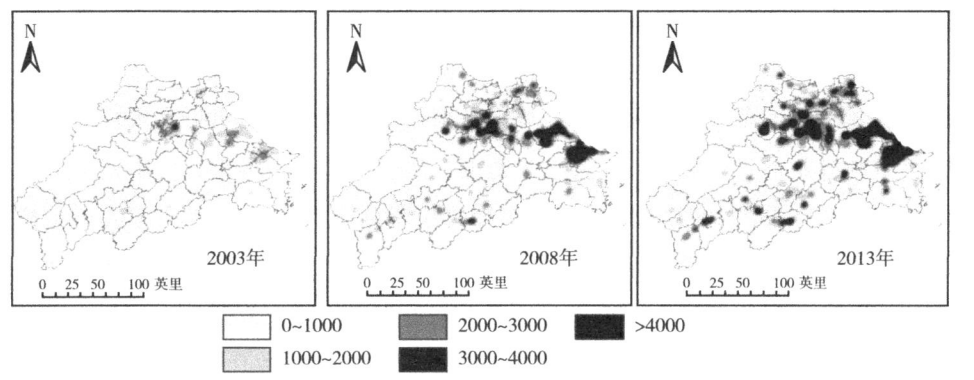

图 8-13 2003~2013 年杭州及周边城市技术密集型制造业的核密度

密集型制造业企业的空间分布范围逐渐扩散开来，但在杭州市萧山区以及绍兴市柯桥区和越城区的交界处分布的依然集中，且集中程度上升，并由此为辐射中心，向北扩散到杭州市余杭区和嘉兴市桐乡市、海宁市，向南扩散到绍兴市诸暨市、嵊州市和宁波市主城区交界处，形成新的集聚中心，但此时集聚规模还较小。2013 年劳动密集型制造业的大多数集聚中心在 2008 年的集聚规模基础上继续扩张，杭州市萧山区以及绍兴市柯桥区和越城区交界处的集聚程度依然是研究范围内最高的区域，杭州市余杭区和嘉兴市桐乡市、海宁市交界处所形成的集聚中心较 2008 年有了很大程度的扩张，绍兴市诸暨市、湖州市安吉县和金华市兰溪市劳动密集型制造业企业集聚程度的变化也最为明显。通过核密度分析，可以看到 2003~2013 年，研究区域内劳动密集型制造业企业的集聚程度连续上升，并形成大规模的集聚中心，在劳动力密集型制造业的空间分布演变中起到了吸引和辐射带动作用。

2003 年资本密集型制造业企业的分布从整体上来看分布较为分散，主要集中在杭州市拱墅区、下城区、江干区和萧山区，宁波市余姚市以及镇海区、北仑区、江北区和鄞州区的交界处，金华市永康市，但集聚规模还较小。2008 年，在先前所形成的集聚中心基础上，资本密集型制造业企业的集聚规模急剧扩张，杭州市的资本密集型制造业企业向其他主城区扩散，而且宁波市资本密集型制造业企业的集聚规模迅速扩大，成为所研究的七个城市中资本密集型制造业集聚规模最大的城市，此外，嘉兴市的资本密集型制造业初具规模，金华市的资本密集型制造业也以永康市为核心向外扩散至武义县、婺城区等。2013

年资本密集型制造业企业分布更加集中，集聚规模在2008年基础上又进一步扩大，杭州市和宁波市还是资本密集型制造业的最主要的集聚地，绍兴市、诸暨市、嵊州市、嘉兴市、金华市婺城区和衢州市衢江区演变出更大规模的资本密集型制造业企业集聚中心。通过核密度方法，可以分析得出，资本密集型制造业企业的分布在2003~2013年的集聚规模不断上升，杭州市和宁波市是杭州及周边城市中集聚程度最高的城市，且不断发挥对其他地区的辐射带动作用，使与其相邻的嘉兴市和绍兴市的资本密集型制造业也发展起来，为吸引资本密集型制造业的扩散和转移提供了前提条件。

2003年技术密集型制造业呈现出东—西方向的分布趋势，主要分布在杭州市主城区、绍兴市和宁波市北部地区，但整体来看企业密度还较低，仅在杭州市江干区形成了一个较小规模的集聚中心。2008年技术密集型制造业企业在杭州市、绍兴市和宁波市原先形成的东西方向分布带的基础上继续集聚起来，规模有了明显的扩大，向西扩散到杭州市临安区，且不断向南北方向扩散和转移，绍兴市、宁波市南部以及衢州市和金华市的技术密集型制造业初具规模。2013年，技术密集型制造业规模集聚扩张，宁波市成为所研究的七个城市中技术密集型制造业企业最为密集的的城市，绍兴市诸暨市、嵊州市，嘉兴市嘉善县、桐乡市，金华市婺城区、永康市和衢州市柯城区的技术密集型制造业企业分布更加密集，形成规模较大的集聚中心。从核密度图中可以看出，研究期内技术密集型制造业和其他两类制造业的空间分布演变趋势一致，集聚规模都不断扩大，且不断向其他地区进行扩散和转移。

第六节

小结

本章首先计算了杭州及周边城市制造业行业产值占工业总产值比重，发现杭州及周边各个城市的劳动密集型行业产值比重逐渐降低，而技术密集型和资本密集型行业的产值不断增加。

接着采用标准差椭圆、核密度分析方法分析杭州及周边城市制造业企业的空间分布及演变状况。以制造业中的18个行业作为研究对象，按劳动密集型、

第八章 基于数量视角分析杭州及周边城市制造业的空间分布及演变

资本密集型和技术密集型三类,分析了制造业的空间分布演化特征。

在2003~2013年,劳动密集型企业表现出由中心集聚向周围扩散的趋势,企业数量高值区大致呈现出纵向东北—西南分布特征。资本密集型企业大致呈现出由中间区域向南扩散和转移的趋势,企业数量高值区逐渐成"几"字型分布,主要分布在杭州市、宁波市、绍兴市以及金华市西部和南部地区。技术密集型企业总体呈现出以杭州市萧山区、余杭区为中心,横向、纵向扩散和转移的趋势,主要分布在杭州市、宁波市和绍兴市以及金华市的部分地区。

从空间看,三大类型制造业企业的分布方向与制造业企业总体分布方向一致,同样呈现出"东北—西南"走向的空间分布格局,且其空间分布重心均位于绍兴市。从生成的椭圆面积大小来看,劳动密集型、资本密集型和技术密集型制造业企业的集中程度总体上是逐渐上升的。三大类型制造业中,资本密集型和技术密集型制造业企业的集中程度在研究期内均处于较高水平,表明杭州及周边城市关于这两类制造业发展的配套基础设施、各种条件等具有优越性,能够吸引相关企业在研究区域内集聚。

核密度分析表明,2003~2013年,劳动密集型制造业企业的集聚度持续上升,形成大规模的集聚中心,在劳动力密集型制造业的空间分布演变中起到了吸引和辐射带动作用。资本密集型制造业企业的分布也是如此,杭州市和宁波市是杭州及周边城市中集聚程度最高的城市,且不断发挥对其他地区的辐射带动作用,使与其相邻的嘉兴市和绍兴市的资本密集型制造业也发展起来。技术密集型制造业和其他两类制造业的空间分布演变趋势一致,集聚规模都不断扩大,且不断向其他地区进行扩散和转移。

第九章

基于质量视角分析杭州及周边城市制造业的空间发展状况

第一节 数据来源与研究方法

一、数据来源

本节使用的数据来源于2003年、2008年和2013年的工业企业数据库。从中选取18个制造业行业的企业数据,由于国民经济行业分类标准和工业企业统计口径在研究期内发生调整,数据处理方式与前面章节相同。

二、研究方法

区位熵(LQ)指数又称作专门化率指数,是对某一产业在某一地区发展的专业化程度进行测度,其测度方法是通过比较某行业在某地区产值比重与该行业在高层次区域产值所占的比重来衡量该产业的静态集聚程度。通过计算并比较某地区各主要产业的区位熵,可以发现该地区相对于高层次区域具有相对优势的产业,并根据LQ指数的大小衡量其专门化程度。本节通过比较某行业在某区(县)的产值比重与该行业在研究范围的七个城市的总产值所占的比重来分析该区(县)的产业集聚效率,以及相对于其他区域具有相对优势的产业。区位熵指数用公式可以表示为:

$$LQ = \frac{P_{ij} \big/ \sum_{i=1}^{n} P_{ij}}{\sum_{j=1}^{n} P_{ij} \big/ \sum_{i} \sum_{j} P_{ij}} \tag{9.1}$$

其中 LQ 表示区位熵指数，P_{ij} 表示 j 城市 i 行业的产值，$\sum_{i=1}^{n} P_{ij}$ 表示 j 城市的各行业总产值，$\sum_{j=1}^{n} P_{ij}$ 表示 i 行业在研究区域的总产值，$\sum_{i} \sum_{j} P_{ij}$ 表示研究区域各行业的总产值。

当区位熵指数等于 1 时，表明 j 城市 i 行业的发展程度相当于研究区域同类行业的平均水平；当区位熵指数大于 1 时，表明 j 城市 i 行业的发展程度高于研究区域同类行业的平均水平，具备相对规模优势；当区位熵指数小于 1 时，表明 j 城市 i 行业的发展程度低于研究区域同类行业的平均水平，不具备相对规模优势。LQ 值越大，表明该行业的专门化程度越高，其相对规模优势越明显。

第二节 杭州及周边城市制造业的空间发展状况

一、杭州及周边城市制造业总产值的空间分析

汇总各个区县 18 个制造业行业的总产值，并利用 ArcGIS 将总产值数据表示在各个区县的行政区矢量图上，如图 9-1 所示。2003 年，整个研究范围，仅仅只有萧山区的制造业总产值达到了 500 亿元以上，同时期萧山区制造业企业数量在杭州及周边城市也是最多的，企业集聚程度很高，制造业企业创造出的产值相应也最多。可以看到 2008 年萧山区的制造业总产值高达 2000 亿元以上，且萧山区的附近区县，杭州市江干区、余杭区，绍兴市越城区、诸暨市的制造业总产值也达到 500 亿元以上，绍兴市柯桥区达到 1000 亿元以上，表明萧山区制造业的发展会带动周边地区发展。宁波市鄞州区、慈溪市和余姚市的制造业总产值为 500 亿元以上，镇海区和北仑区达到了 1000 亿元以上。2013 年杭州市和绍兴市交界处及周边区县、宁波市北部地区的制造业产值又进一步增加，而且有带动其他地区制造业发展的明显迹象。从前面章节对杭州及周边

城市制造业企业数量的分析来看，杭州市和绍兴市交界区县以及其周边区县、宁波市北部地区的制造业企业数量和企业密度均较大，这表明一地区制造业企业数量和企业密度的大小与该地区制造业总产值之间有密切的关系，制造业企业数量多的地区，其制造业总产值也相应较高。

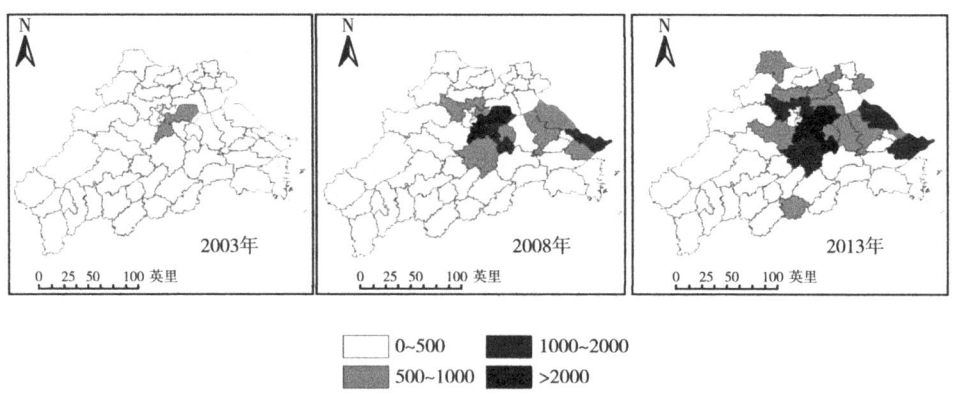

图 9-1 2003~2013年杭州及周边城市制造业的总产值（亿元）

二、杭州及周边城市制造业从业人员人均产值的空间分析

汇总各个区县18个制造业行业的总从业人员数，利用ArcGIS将制造业总产值和总从业人数之比即制造业从业人员人均产值表示在杭州及周边城市各个区县的行政区划矢量图上，如图9-2所示。2003年杭州市滨江区和宁波市奉化区制造业从业人均产值最高，达到50万元以上。杭州市和绍兴市交界处周围的区县、杭州市淳安县、绍兴市新昌县、宁波市镇海区、湖州市南浔区和嘉兴市桐乡市的制造业从业人员人均产值在30万~50万元。2008年人均产值高值区范围急剧扩张，杭州市和绍兴市、衢州市交界处的地区，湖州市北部地区以及宁波市的北仑区和镇海区的从业人员人均产值均超过50万元，并且从业人员人均产值超过30万元的地区也增多，占据研究范围内56个区县的将近一半，表明杭州及周边城市的制造业得到整体上的大发展。2013年从业人员人均产值超过50万元的地区急剧减少，仅剩杭州市的滨江区、江干区、淳安县、宁波市北仑区和绍兴市柯桥区，减少的原因主要是与从业人员数急剧增加有

关。结合各个区县的总产值来看，部分区县制造业总产值并不高，但其人均产值很高，如杭州市淳安县，是因为该地区制造业从业人数并不多，从业人员人均产值相应就会很高，这从另一方面说明这些区县制造业的发展效率高。

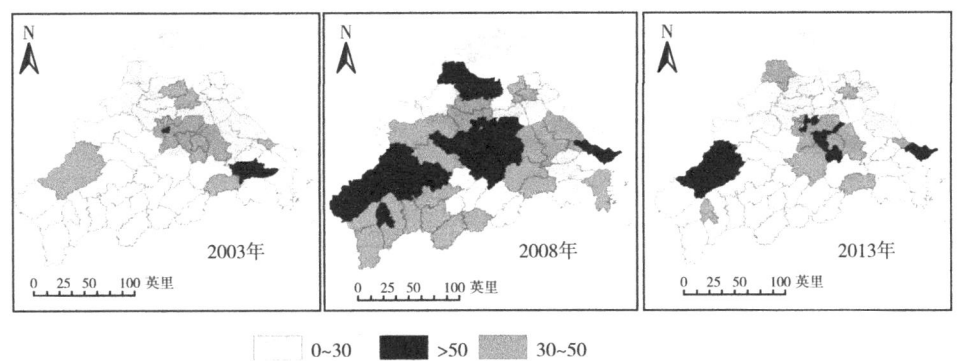

图 9-2 2003~2013 年杭州及周边城市制造业从业人员人均产值（万元）

第三节

杭州及周边城市制造业的专门化程度演变

一、杭州及周边城市三大类型制造业的专门化特征分析

从所研究城市各个区县的劳动密集型、资本密集型和技术密集型制造业的区位熵指数空间图 9-3、图 9-4、图 9-5 中可以看出：对于劳动密集型制造业来说，2003 年专门化发展程度高于同类型行业平均水平的地区包括杭州市（上城区、余杭区、萧山区、临安区、桐庐县、淳安县）、宁波市海曙区、整个湖州市、嘉兴市（秀洲区、海宁市、海盐县）、绍兴市除上虞区、新昌县以外的其他区县、金华市（义乌市、兰溪市、浦江县）；相比 2003 年，2008 年杭州市余杭区、临安区劳动密集型制造业的专门化程度降低，而专门化发展程度高于同类型行业平均水平的地区又新增宁波市象山县、嘉兴市桐乡市、金华市磐安县、衢州市衢江区、龙游县；2013 年专门化程度高的地区变得更加集中，杭州市的劳动密集型企业向县、县级市，比如淳安县桐庐县、建德市转移，提升了这些地区劳动密集型制造业的专门化程度。由于宁波市从 2003 年

起就是技术和资本密集型行业为主导的制造业发展模式,因此宁波市整体的劳动密集型专门化程度均较低。

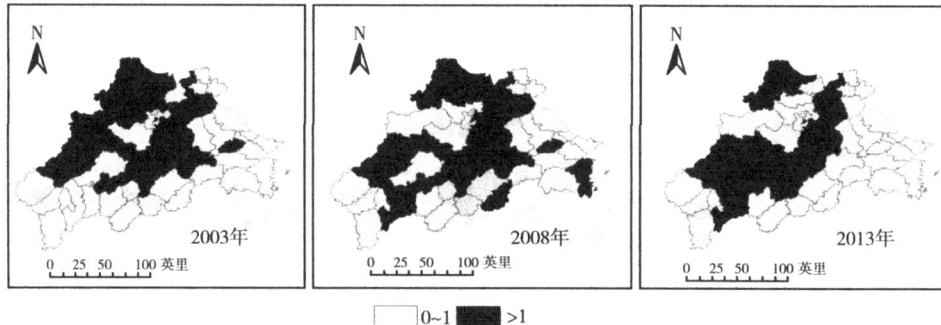

图9-3 2003~2013年杭州及周边城市劳动密集型制造业的区位熵

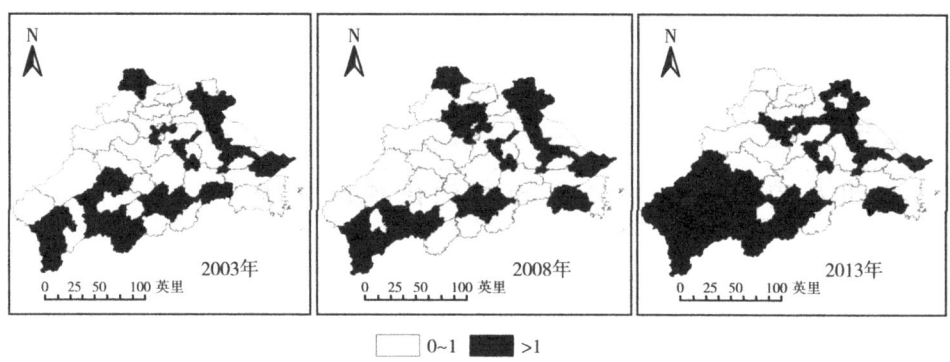

图9-4 2003~2013年杭州及周边城市资本密集型制造业的区位熵

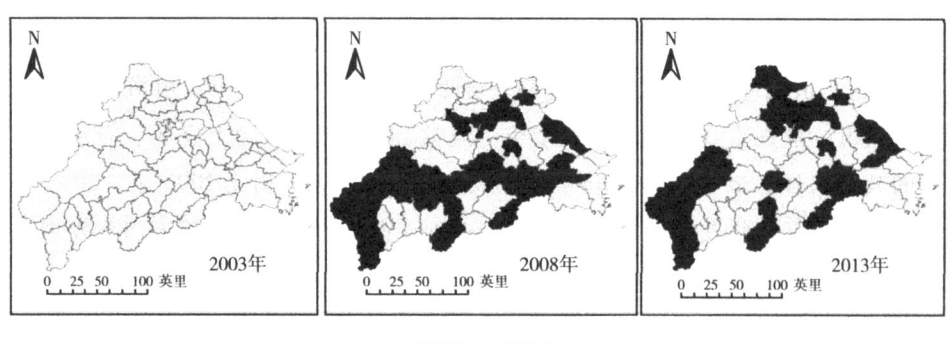

图9-5 2003~2013年杭州及周边城市技术密集型制造业的区位熵

对于资本密集型制造业来说，2003～2013年专门化程度高于同类型行业平均水平的地区也是呈现出由分散到集中的空间演变趋势。2003年，专门化程度高的地区主要包括杭州市（西湖区、下城区、江干区、建德市）、宁波市（江北区、鄞州区、北仑区、余姚市）、湖州市长兴县、嘉兴市（秀洲区、南湖区、平湖市、海盐县）、绍兴市（柯桥区、新昌县）、金华市（婺城区、义乌市、东阳市、武义县）、衢州市（柯城区、龙游县、常山县、江山市）。2008年，杭州市原来资本密集型制造业专门化程度高的地区向外扩散转移，促使杭州市余杭区和湖州市德清县的专门化程度进一步提高。2013年，专门化程度高的地区更加集中，主要是集中在衢州市和金华市。

对于技术密集型制造业来说，2003年杭州及周边城市都不具备专门化发展规模；2008年，随着企业数量的增多，地区的专门化程度也逐渐升高。专门化程度高于同类型行业平均水平的地区包括杭州市（上城区、滨江区、拱墅区、江干区、余杭区、建德市、淳安县）、宁波市（镇海区、海曙区、奉化区、慈溪市）、嘉兴市（南湖区、桐乡市、海宁市）、绍兴市（越城区、诸暨市、嵊州市、新昌县）、金华市（金东区、兰溪市、浦江县、武义县、磐安县）、衢州市（开化县、常山县、江山市）。此时这些具备专门化发展的地区相对较为集中，主要分布在杭州市和绍兴市与其他城市的接壤地区。2013年，研究区域内技术密集型制造业专门化发展程度高于同类型行业平均水平的地区逐渐分散开来，但仍可以看出杭州市与湖州市和嘉兴市的交界处的专门化还呈现出向周围扩散的倾向。

结合前面章节对三大类型制造业企业的数量和质量分析，可以发现，一般来说某种类型制造业企业数量多、总产值高的地区，该地区制造业区位熵指数都大于1，也就是该地区此类型制造业的发展程度高于同类型行业平均水平。但是部分地区也存在特例，如衢州市，衢州市总体来说资本密集型制造业企业数量少，但是衢州市各个区县的专门化程度均高于同类型行业的平均水平，这说明衢州市虽然企业少，但是其创造的产值和发展的质量却不亚于其他地区。

二、杭州及周边城市制造业具体行业专门化的特征分析

利用区位熵指数来考察研究范围内七个城市，总计56个区县制造业的18

个行业的专门化程度。

从杭州及周边城市的区位熵数据来看，首先对于杭州市整体来说，杭州市制造业区位熵指数大于1，也就是具备规模优势的行业数量由2003年的10个行业增加到2008年的11个行业，到2003年又下降至8个行业。2003~2013年，劳动密集型制造业中的酒、饮料和精制茶制造业、食品制造业和资本密集型制造业中的仪器仪表制造业，技术密集型制造业中的化学纤维制造业、化学原料和化学制品制造业、计算机、通信和其他电子设备制造业、医药制造业的区位熵指数始终大于1，专门化程度高于研究区域的平均水平，且相对稳定，具备相对规模优势。从杭州市各个区县来看，2003年上城区的食品制造业、下城区的通用设备制造业、拱墅区的黑色金属冶炼和压延加工业、余杭区的仪器仪表制造业和淳安县的酒、饮料和精制茶制造业的专门化程度均高于同期其他地区。2008年下城区的通用设备制造业、江干区的食品制造业、滨江区的计算机、通信和其他电子设备制造业、余杭区的仪器仪表制造业和临安区的农副食品加工业的专门化程度高于同期其他地区同类行业的专门化水平。2013年上城区的食品制造业、下城区的通用设备制造业、滨江区的计算机、通信和其他电子设备制造业、淳安县的纺织业和酒、饮料和精制茶制造业的专门化程度为同类行业内中最高。可以发现，下城区始终是杭州及周边地区研究范围内的所有区县中，通用设备制造业专门化程度最高和发展规模最为稳定的。

宁波市制造业区位熵指数大于1的行业数量2003年为10个行业，2008年下降至8个行业，2013年又上升至9个行业。劳动密集型制造业中的农副食品加工业，资本密集型制造业中的石油加工、炼焦及核燃料加工业、仪器仪表制造业、专用设备制造业，技术密集型制造业中的电气机械和器材制造业和计算机、通信和其他电子设备制造业和铁路、船舶、航空航天和其他运输设备制造业的区位熵指数在研究期内始终大于1，相对于其他行业来说专门化程度较高。整体来看，2003年、2008年和2013年，宁波市专门化程度最高的行业为石油加工、炼焦及核燃料加工业，其区位熵指数分别为3.54、3.27、3.43，该行业相对于其他行业来说发展规模更大，专门化程度更高，并且在研究期内相对最为稳定，为宁波市的优势产业。从宁波市的各个区县来看，2003年江北区的电气机械和器材制造业、镇海区的石油加工、炼焦及核燃料加工业、奉

第九章 基于质量视角分析杭州及周边城市制造业的空间发展状况

化区的计算机、通信和其他电子设备制造业以及象山区的汽车制造业的专门化程度高于同期其他地区同类行业的专门化水平。2008年宁波市镇海区的石油加工、炼焦及核燃料加工业专门化水平依然最高，直到2013年镇海区在该行业的优势让位于北仑区。江北区的仪器仪表制造业、慈溪市的电气机械和器材制造业和奉化区的铁路、船舶、航空航天和其他运输设备制造业也发展起来，江北区、慈溪市和奉化区成为该类行业专门化程度最高的地区。

嘉兴市制造业区位熵指数大于1的行业数量在研究期内逐渐增加，从2003年的3个行业，到2008年、2013年的7个行业。2003年嘉兴市的化学纤维制造业的区位熵相对于其他行业来说指数值最大，表明化学纤维制造业为嘉兴市这一时期专门化和集聚程度最高的行业。2008年和2013年劳动密集型家具制造业的区位熵在所有行业的值最高，分别为2.07、2.11，区位熵指数值变大，表明该行业的专门化程度又进一步提升。劳动密集型制造业中的农副食品加工业以及技术密集型制造业中的化学纤维制造业区位熵指数始终大于1，表明这两个行业的发展水平在研究期内始终高于研究区域同类行业的平均水平。从嘉兴市的各个区县的区位熵数据来看，2003年海盐县为研究范围内农副食品加工业中专门化和集聚程度最高的地区。2008年海盐县拥有的农副食品加工业的优势暂时让位于杭州市临安区，但在2013年海盐县又重新占据了农副食品加工业的优势地位。2003~2013年，桐乡市始终为化学纤维制造业专门化和集聚程度最高，占据相对规模优势的地区。

湖州市制造业具备相对优势规模的行业数量在研究期内逐渐减少。纺织业和家具制造业这两类劳动密集型行业以及技术密集型制造业中的电气机械和器材制造业的区位熵指数始终大于1，集聚程度和专门化程度都较高，且相对稳定。其中家具制造业是湖州市研究期内所有行业中区位熵指数最大的行业，表明家具制造业的专门化和集聚程度都最高，是湖州市制造业的主导行业。从湖州市各个区县的区位熵数据来看，2003年德清县的医药制造业和2008年长兴县的电气机械和器材制造业的专门化程度高于同期其他地区同类行业的专门化水平。2003~2013年，安吉县始终是56个区县中家具制造业区位熵最大的地区，表明安吉县的家具制造业行业发展到了一定的规模，其集聚程度和专门化水平均为研究范围内最高。

绍兴市区位熵指数在研究期内大于 1 的行业数量由 2003 年的 6 个行业减少到了 5 个行业。纺织业、专用设备制造业、化学纤维制造业和医药制造业的区位熵指数始终大于 1，专业化程度和集聚规模在研究期内高于研究区域同类行业的平均水平。绍兴市纺织业 2003 年、2008 年和 2013 年的区位熵指数均为所有行业中的最高值，表明绍兴市纺织业的专门化程度最高，并且集聚规模大。从绍兴市各个区县的区位熵指数来看，2003 年柯桥区为纺织业专门化和集聚程度最高，占据相对规模优势的地区，但在 2008 年、2013 年，专门化程度逐渐落后于金华市义乌市和兰溪市，但其纺织业专门化程度还是相对较高的。2008 年嵊州市酒、饮料和精制茶制造业的专门化程度超过杭州市淳安县，但 2013 年该行业专门化程度最高的地区还是杭州市淳安县。2008 年新昌县医药制造业的专门化超过湖州市德清县，并且其专门化程度进一步提升，相关企业也进一步集聚起来。

2003 年金华市研究期内制造业区位熵指数大于 1 的行业数量为 7 个行业，2008 年上升至 8 个行业，2013 年又减少到了 7 个行业。劳动密集型制造业中的家具制造业，资本密集型制造业中的金属制品业、汽车制造业和技术密集型制造业中的医药制造业、铁路、船舶、航空航天和其他运输设备制造业在研究期内的区位熵指数始终大于 1，具备相对规模优势，专门化程度高于研究区域同类行业的平均水平。从金华市各个区县的区位熵指数来看，2003 年永康市的金属制品业和铁路、船舶、航空航天和其他运输设备制造业的专门化程度高于同期其他地区同类行业的专门化水平。2008 年婺城区的汽车制造业和磐安县的专用设备制造业的专门化发展水平分别超过宁波市象山县、衢州市衢江区。武义县金属制品业的的专门化程度超过永康市，由于武义县与永康市接壤，可以判断出武康市的金属制品业发生了产业转移和扩散，有郊区化的趋势。2013 年金东区的黑色金属冶炼和压延加工业和专用设备制造业的专门化程度得到提升，分别超过衢州市柯城区、金华市磐安县。

衢州市研究期内制造业区位熵指数大于 1 的行业数量由 2003 年的 4 个行业上升至 7 个，2013 年又下降至 6 个行业。劳动密集型制造业中的酒、饮料和精制茶制造业、农副食品制造业和技术密集型制造业中的化学原料和化学制品制造业区位熵指数始终大于 1，集聚程度和专业化程度高于研究区域同类行业的平均水平。2003~2008 年衢州市化学原料和化学制品制造业的区位熵指数最高，表明化学原料和化学制品制造业是衢州市这一阶段制造业的优势主导行业，2013年衢州市的主导行业转变为农副食品加工业。从衢州市各个区县的区位熵指数数据来看，柯城区和开化县的化学原料和化学制品制造业在研究期内的区位熵指数均较高，位列所有区县的前三位，表明柯城区和开化县该行业的专门化和集聚水平都较高，且已发展到一定的规模。

第四节

小结

本章首先探讨了杭州及周边城市制造业的发展态势、内部结构，接着选取杭州市、宁波市、嘉兴市、湖州市、绍兴市、金华市、衢州市等7个城市，利用ArcGIS空间分析方法，包括标准差椭圆、核密度和缓冲区分析技术等，从制造业整体和分行业两个角度对其制造业的空间布局及动态演变进行数量和发展质量上的分析，阐明杭州及周边城市制造业从2003年到2013年的空间演变规律，主要结论如下。

（1）通过分析杭州及周边城市制造业的发展脉络与制造业的内部结构特点，可以发现杭州及周边城市均在2003年之后进入重工业化阶段。纺织业等占有绝对优势劳动密集型行业产值不断降低，技术密集型和资本密集型行业的产值不断增加，发展迅速。

（2）从制造业总体上来看，杭州及周边城市制造业总体企业的数量在2003~2013年都呈上升趋势，并且主要分布在杭州市和绍兴市、嘉兴市、湖州市的交界地区以及宁波市，这些地区制造业企业的密度和集聚程度也相应最高。制造业在杭州及周边各个城市的空间分布还表现出明显的郊区化特征。从分类型制造业来看，劳动密集型制造业企业数量和核密度高值区沿杭州市和绍兴市、嘉兴市、湖州市的交界地区在研究期内逐渐呈现出纵向东北—西南分布特征。资本密集型制造业企业的数量和核密度高值区主要分布在杭州市和绍兴市交界地区、宁波市和金华市的部分地区，呈"几"字型分布特征。技术密集型制造业企业的数量和核密度高值区呈现出由杭州市萧山区、余杭区为中心，横向、纵向扩散和转移的趋势。

（3）从杭州及周边城市制造业总产值和从业人员人均产值以及地区专业化三个角度对其制造业的发展质量进行分析，可以发现杭州及周边城市制造业总产值与制造业企业数量和企业密度的大小之间有着密切关联，企业数量多，企业密度大的地区，制造业生产总值就会相应较高。由于研究范围内不同地区间制造业生产总值和从业人员数存在较大差异，导致从业人员人均产值也表现出空间上的不均衡性。虽然杭州及周边城市制造业整体发展水平较高，但从制造业总产值和人均产值的角度来看，依然存在地区间发展不平衡的问题。

本章又利用区位熵指数从三大类型制造业和具体行业两个角度对杭州及周边城市制造业发展的专门化程度进行了分析。一般来说某种类型制造业企业数量多且密度大的地区，该地区此种类型制造业的专门化程度就越高，但存在一些特例地区，即制造业企业数量相对较少，但专门化程度依然很高的地区，如衢州市，表明这些地区制造业企业数量虽然少，但其创造的产值和发展速度并不亚于其他地区。研究范围内的 56 个区县，每个区县不同时间段不同行业的专门化程度都在发生变化，但杭州市下城区的通用设备制造业、宁波市镇海区和北仑区的石油加工、炼焦及核燃料加工业、嘉兴市桐乡市的化学纤维制造业、湖州市安吉县的家具制造业、绍兴市柯桥区的纺织业、金华市永康市和武义县的金属制品业、衢州市柯城区和开化县的化学原料和化学制品制造业在研究期内相对稳定，为当地专门化程度较高的制造业行业。

第十章

开发区的设立对杭州及周边城市制造业空间布局的效应分析

设立开发区是一项调整产业结构、引导产业发展，并因地制宜制定的产业政策。研究开发区与制造业企业之间的关系对于正确理解政府产业政策、分析制造业空间布局有着重要影响。针对开发区的设立对于杭州及周边城市制造业的空间布局是否存在效应，本章也是从数量和质量两个角度切入，数量视角主要是对开发区内制造业总体企业数量和分行业企业数量的变动进行分析，质量视角是通过开发区制造业总产值和从业人员人均产值的变动进行深入探讨，分析开发区的发展质量。

第一节 开发区制造业企业基本情况

一、数据来源与研究方法

本章数据是根据国家发展改革委、科技部、国土资源部、住房城乡建设部、商务部、海关总署发布的《中国开发区审核公告目录》（2018年版），其中包括开发区代码、名称、批准时间、核准面积（公顷）、主导产业等信息，结合研究区域，筛选出国务院和省人民政府批准设立的68个国家级和省级开发区。

通过 xGeocoding 软件和百度地图 API 接口，按照制造开发区地址信息查找各开发区地理坐标，最后使用 ArcGIS 10.2 将开发区坐标转换为空间点数据文件，与行政区划矢量图叠加进行分析。结合开发区点数据与制造业企业点数据，做缓冲区分析,如图 10-1 所示,缓冲区查找范围的阈值依据《中国开发区审核公告目录》中筛选出的 68 个开发区核准面积的平均值(836.76 公顷)确定。同样从制造业总体和分行业两个层面来分析制造业企业的空间集聚分布及演变状况。

由于各个开发区批准设立的时间不一致,若某开发区设立时间晚于研究时间节点,但其缓冲区范围内制造业企业数量、生产总值与从业人员人均产值高于其他地区,表明开发区设立之前已有制造业企业在此集聚,政府在此设立开发区可以说是一种顺势而为。如绍兴柯桥经济技术开发区的批准设立时间为 2012 年,但其缓冲区范围内制造业企业数量在 2008 年就达到了 91 家,政府为了集约经营管理,提高资源利用效率,促进相关产业集群的形成,故而在此设立开发区。在分析中为方便说明,在批准设立时间晚于研究时间节点的开发区后加以说明,用开发区名称代表其所在的某一特定区域。

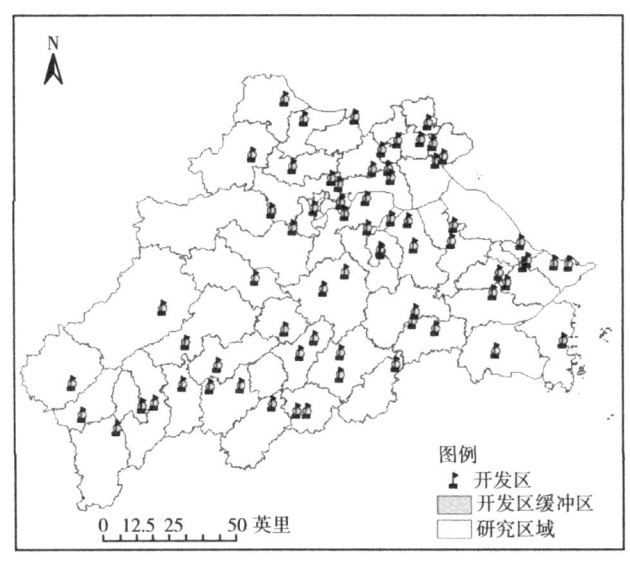

图 10-1　杭州及周边城市开发区的缓冲区分析

二、总体与分行业的数量分析

从制造业总体来看(见表 10-1),68 个国家级、省级开发区内,除个别开发区外,其余开发区在研究期内制造业企业数量均呈现出增长趋势,说明政

第十章 开发区的设立对杭州及周边城市制造业空间布局的效应分析

策驱动的开发区所引起的产业集聚产生的规模效应会吸引企业入驻。2008年相较于2003年,杭州及周边城市的各个开发区制造业企业数量的增长率整体来看都较高,甚至超过500%,其中浙江金西经济开发区、浙江东阳经济开发区、浙江开化工业园区、浙江龙游工业园区、浙江江山经济开发区的制造业企业增长率就超过了500%。2013年相较于2008年,整体数量增长放缓,但浙江新昌工业园区、浙江磐安工业园区、浙江常山工业园区、浙江龙游工业园区的制造业企业数量相比2008年仍增长200%以上。这些开发区的批准设立时间均早于研究时间节点,制造业企业数量在研究时间节点急剧增加,表明开发区的设立对吸引企业入驻并在此集聚起着积极的作用。

表 10 – 1　　杭州及周边城市开发区的制造业企业数量及增长率

地区	开发区名称	主导产业	批准时间	等级	2003年	2008年	2013年	2008年增长率	2013年增长率
杭州市	杭州经济技术开发区	装备制造、生物医药、信息技术	1993	国家级	23	52	58	126%	11%
	萧山经济技术开发区	通用设备、服装纺织	1993	国家级	35	82	98	134%	19%
	杭州余杭经济技术开发区	装备制造、医药健康、节能环保	2012	国家级	60	148	151	146%	2%
	富阳经济技术开发区	有色金属采冶加工、电气机械器材、纸制品	2012	国家级	4	12	12	200%	0%
	杭州高新技术产业开发区	信息技术、生命健康、节能环保	1991	国家级	29	49	38	68%	-22%
	杭州江东工业园区	新材料、机械、电子	2006	省级	8	24	30	200%	25%
	杭州钱江经济开发区	装备制造、医药健康、节能环保	2006	省级	19	38	66	100%	74%
	浙江临安经济开发区	装备制造、新材料、新能源、信息技术	2001	省级	20	55	62	175%	13%
	浙江桐庐经济开发区	节能环保、生物医药、机械	1994	省级	11	38	48	245%	26%
	浙江淳安经济开发区	电气机械器材、纺织、酿酒	1992	省级	6	12	17	100%	42%
	浙江建德经济开发区	化工、橡胶及塑料制品、酒饮料	2002	省级	0	6	16	—	167%

续表

地区	开发区名称	主导产业	批准时间	等级	2003年	2008年	2013年	2008年增长率	2013年增长率
宁波市	宁波经济技术开发区	化工、汽车、金属冶炼加工	1984	国家级	12	17	21	42%	24%
	宁波大榭开发区	临港化工、大宗商品国际贸易、港口物流	1993	国家级	11	34	30	209%	-12%
	宁波石化经济技术开发区	石油加工、核燃料加工、化工	2010	国家级	24	58	86	142%	48%
	宁波高新技术产业开发区	电子信息、新能源、节能环保、新材料	2007	国家级	46	88	79	91%	-10%
	浙江象山经济开发区	纺织服装、汽车、电气机械器材	1994	省级	4	19	33	375%	73%
	浙江宁海经济开发区	文具、五金机械、汽车零部件	1994	省级	30	48	74	60%	54%
	浙江余姚经济开发区	电气机械器材、通信、有色金属冶炼压延加工	1993	省级	32	69	74	115%	7%
	浙江余姚工业园区	服装、装备制造、家用电器	2002	省级	24	64	82	167%	28%
	宁波望春工业园区	电子信息、新能源、新材料	2006	省级	32	88	123	175%	39%
	宁波鄞州工业园区	电气机械、仪器仪表、粉末冶金	2006	省级	27	79	102	193%	29%
	浙江奉化经济开发区	通用设备、纺织服装、通信	1993	省级	26	71	98	173%	38%
	浙江镇海经济开发区	通用设备、精细化工	1994	省级	30	90	105	200%	17%
嘉兴市	嘉兴经济技术开发区	装备制造、汽车零配件、食品	2010	国家级	15	26	32	73%	23%
	嘉善经济技术开发区	通用设备、电子信息、家具	2011	国家级	48	101	122	110%	21%
	平湖经济技术开发区	光机电、生物技术、特种纺织	2013	国家级	23	60	78	161%	31%
	浙江嘉兴工业园区	信息技术、装备制造	2006	省级	11	42	59	281%	40%
	浙江海盐经济开发区	装备制造、新材料、电子电器	2002	省级	16	27	47	69%	74%
	浙江海宁经济开发区	纺织、皮革、机械装备、新能源	1997	省级	28	54	101	93%	87%

第十章 开发区的设立对杭州及周边城市制造业空间布局的效应分析

续表

地区	开发区名称	主导产业	批准时间	等级	2003年	2008年	2013年	2008年增长率	2013年增长率
嘉兴市	浙江海宁经编产业园区	经编针织	2006	省级	26	83	135	219%	63%
	乍浦经济开发区	化工、紧固件、不锈钢	1993	省级	12	38	51	217%	34%
	桐乡经济开发区	化纤、纺织、非金属矿物制品	1993	省级	11	14	31	27%	121%
	浙江桐乡濮院针织产业园区	针织服装、机械	2006	省级	7	30	61	328%	103%
湖州市	湖州经济技术开发区	物流装备、节能环保、生物医药	2010	国家级	21	80	86	281%	7%
	长兴经济技术开发区	新能源汽车及零部件、家用电器、装备制造	2010	国家级	8	36	68	350%	89%
	浙江南浔经济开发区	通用设备、木材加工及木制品、电气机械	1993	省级	9	31	43	244%	39%
	浙江德清工业园区	建材、装备制造、食品	2006	省级	24	84	142	250%	69%
	浙江安吉经济开发区	家具、竹木制品、电气机械	1994	省级	13	30	35	131%	17%
绍兴市	绍兴袍江经济技术开发区	纺织、新材料、生物医药	2010	国家级	29	40	47	38%	18%
	绍兴柯桥经济技术开发区	石油、印染、化纤	2012	国家级	40	91	157	127%	73%
	绍兴高新技术产业开发区	新材料、电子信息、环保	2010	国家级	37	45	52	22%	16%
	浙江绍兴滨海工业园区	纺织、医药化工、金属机械	2006	省级	13	37	64	185%	73%
	浙江上虞经济开发区	电机汽配、照明、纺织服装	1993	省级	21	39	44	86%	13%
	新昌高新技术产业园区	装备制造、生物医药、文化	2001	省级	12	31	48	158%	55%
	浙江新昌工业园区	生物医药、管型塑材、轴承	2006	省级	2	5	17	150%	240%
	浙江诸暨经济开发区	机械、纺织、环保设备	1994	省级	35	68	102	94%	50%
	浙江诸暨珍珠产业园区	珍珠加工	2006	省级	6	20	22	233%	10%
	杭州湾上虞经济技术开发区	化工、新材料、汽车及零部件	2013	国家级	0	0	1	—	—
	浙江嵊州经济开发区	服装、机械电机、电器厨具	1994	省级	40	84	119	110%	42%

续表

地区	开发区名称	主导产业	批准时间	等级	2003年	2008年	2013年	2008年增长率	2013年增长率
金华市	金华经济技术开发区	汽车、热力、运输设备	2010	国家级	43	61	96	42%	57%
	义乌经济技术开发区	纺织服装、文教体娱用品	2012	国家级	38	59	74	55%	25%
	浙江义乌工业园区	纺织服装、工艺品	2006	省级	14	34	70	142%	106%
	浙江金西经济开发区	通用设备、纺织、化工	2006	省级	1	9	20	800%	122%
	浙江武义经济开发区	五金机械、汽摩配件、文旅休闲用品	1993	省级	8	35	77	337%	120%
	浙江浦江经济开发区	五金机械、水晶加工、纺织	1994	省级	26	84	151	223%	80%
	浙江磐安工业园区	塑料、汽车摩托车零配件、轻工产品	2006	省级	1	2	9	100%	350%
	浙江兰溪经济开发区	纺织、医药、有色金属冶炼压延加工	1993	省级	13	29	44	123%	52%
	浙江东阳经济开发区	纺织服装、化学品、塑料制品	1994	省级	1	21	48	2000%	128%
	浙江东阳横店电子产业园区	磁性材料、电子产品、红木家具	2006	省级	4	6	6	50%	0
	永康现代农业装备高新技术产业园区	五金制品、农业装备及零部件	2013	省级	22	42	67	91%	59%
	浙江永康经济开发区	五金制品、汽车、新能源汽车及零部件	2002	省级	36	95	142	164%	49%
衢州市	衢州经济技术开发区	新材料、装备制造、金属制品	2011	国家级	10	16	28	60%	75%
	衢州高新技术产业开发区	氟硅钴新材料	2013	国家级	10	16	28	60%	75%
	浙江衢江经济开发区	特种纸、装备制造、农副产品加工	1993	省级	3	17	42	467%	147%
	浙江常山工业园区	纺织、建材、轴承	2006	省级	2	4	23	100%	475%
	浙江开化工业园区	新材料、新能源、食品	2006	省级	2	15	18	650%	20%
	浙江龙游工业园区	特种纸、装备制造、家具	2006	省级	2	17	61	750%	258%
	江山经济开发区	电气机械、化工、纺织服装	1994	省级	4	32	47	700%	46.%

资料来源：根据杭州及周边城市年鉴整理。

第十章 开发区的设立对杭州及周边城市制造业空间布局的效应分析

从研究范围内的不同城市来看,虽然2013年开发区企业数量增长率放缓,但通过汇总研究范围内的7个城市制造业企业数量增长率最高的开发区,见表10-2,可以发现2013年企业数量相较于2008年增长率最高的开发区均位于各个城市的县或县级市,表明这些县、县级市的开发区对制造业企业来说更具吸引力,从另一方面还可以同时印证杭州及周边城市制造业企业的空间布局呈现出郊区化的倾向。

表10-2 2013年杭州及周边各个城市企业数量增长率最高的开发区

城市	开发区名称	区县	2013年企业数量增长率
杭州市	浙江建德经济开发区	建德市	166.67%
宁波市	浙江象山经济开发区	象山县	73.68%
嘉兴市	桐乡经济开发区	桐乡市	121.43%
湖州市	长兴经济技术开发区	长兴县	88.89%
绍兴市	浙江新昌工业园区	新昌县	240%
金华市	浙江磐安工业园区	磐安县	350%
衢州市	浙江常山工业园区	常山县	475%

将选取的18个两位数制造业企业空间点数据与开发区缓冲区相交,得出不同类型制造业企业在开发区的特定阈值内的数量,并选取数量最多的开发区,统计结果见表10-3。从中可以发现,食品制造业、纺织业、家具制造业、金属制品业、化学原料和化学制品制造业和铁路、船舶、航空航天和其他运输设备制造业企业数量最多的开发区相比其他制造业行业来说,在研究期内更具有稳定性,始终为研究范围内制造业企业数量最多的开发区,这些开发区分别为杭州余杭经济技术开发区、绍兴柯桥经济技术开发区、浙江安吉经济开发区、浙江永康经济开发区、宁波石化经济技术开发区、浙江永康经济开发区,且对比《中国开发区审核公告目录》给出的主导产业信息,这六个开发区的主导产业与数据结论基本相符,并且制造业企业数量也呈现出明显的增长趋势。

开发区范围内的制造业企业数量的增加和同类型行业企业的集聚,都表明政府设立开发区,提供配套的基础设施和优惠政策,能够吸引更多的企业,并且促进形成相关产业集群,扩大产业规模。

表 10-3　　各个制造业行业企业数量最多的开发区

类型	制造业	2003 年	2008 年	2013 年
劳动密集型	农副食品加工业	嘉善经济技术开发区（3）	金华经济技术开发区（4）	金华经济技术开发区（5） 浙江德清工业园区（5）
	食品制造业	杭州余杭经济技术开发区（7）	杭州余杭经济技术开发区（8）	杭州余杭经济技术开发区（6）
	酒、饮料和精制茶制造业	杭州余杭经济技术开发区（2） 绍兴高新技术产业开发区（2） 浙江嵊州经济开发区（2）	浙江淳安经济开发区（4）	浙江淳安经济开发区（5）
	纺织业	绍兴柯桥经济技术开发区（30）	绍兴柯桥经济技术开发区（67）	绍兴柯桥经济技术开发区（106）
	家具制造业	浙江安吉经济开发区（3）	浙江安吉经济开发区（12）	浙江安吉经济开发区（17）
资本密集型	石油加工、炼焦及核燃料加工业	乍浦经济开发区（1） 浙江宁海经济开发区（1）	宁波石化经济技术开发区（2）	宁波石化经济技术开发区（2）
	黑色金属冶炼和压延加工业	杭州高新技术产业开发区（1） 宁波石化经济技术开发区（1） 绍兴柯桥经济技术开发区（1） 乍浦经济开发区（1） 浙江海盐经济开发区（1） 浙江嘉兴工业园区（1） 浙江宁海经济开发区（1） 浙江嵊州经济开发区（1） 浙江镇海经济开发区（1）	宁波石化经济技术开发区（3） 乍浦经济开发区（3） 浙江建德经济开发区（3） 浙江嵊州经济开发区（3） 浙江永康经济开发区（3）	杭州钱江经济开发区（6） 浙江德清工业园区（6） 浙江武义经济开发区（6）
	金属制品业	浙江永康经济开发区（10）	浙江永康经济开发区（27）	浙江永康经济开发区（36）
	通用设备制造业	浙江永康经济开发区（12）	浙江余姚工业园区（20）	浙江永康经济开发区（26）
	专用设备制造业	宁波高新技术产业开发区（3） 新昌高新技术产业园区（3） 浙江永康经济开发区（3） 浙江诸暨经济开发区（3）	新昌高新技术产业园区（6）	浙江宁海经济开发区（15）
	汽车制造业	金华经济技术开发区（3） 浙江余姚经济开发区（3）	浙江余姚经济开发区（11）	金华经济技术开发区（12）
	仪器仪表制造业	金华经济技术开发区（3） 平湖经济技术开发区（3）	浙江余姚经济开发区（4）	浙江余姚经济开发区（7）

续表

类型	制造业	2003年	2008年	2013年
技术密集型	化学原料和化学制品制造业	宁波石化经济技术开发区（12）	宁波石化经济技术开发区（26）	宁波石化经济技术开发区（37）
	医药制造业	金华经济技术开发（3）	杭州余杭经济技术开发区（6）	杭州余杭经济技术开发区（6） 金华经济技术开发区（6） 浙江德清工业园区（6）
	化学纤维制造业	杭州经济技术开发区（2） 绍兴柯桥经济技术开发区（2）	浙江余姚工业园区（4）	绍兴柯桥经济技术开发区（7）
	铁路、船舶、航空航天和其他运输设备制造业	浙江永康经济开发区（4）	浙江永康经济开发区（7） 宁波大榭开发区（7）	浙江永康经济开发区（10）
	电气机械和器材制造业	宁波高新技术产业开发区（6）	浙江永康经济开发区（20）	浙江余姚经济开发区（18）
	计算机、通信和其他电子设备制造业	宁波高新技术产业开发区（6）	杭州高新技术产业开发区（11）	浙江镇海经济开发区（13）

资料来源：根据杭州及周边城市年鉴整理，括号内为企业数量（单位：个）。

第二节

开发区制造业总产值的空间分析

汇总各个开发区18个制造业行业的总产值，并将其用ArcGIS软件表示在区县行政区划矢量图中，如图10-2所示。可以看到，2003年制造业产值最高，达到100亿元以上的开发区仅有一个，是位于杭州市江干区的杭州经济技术开发区，产值在50亿~100亿元的开发区数量较少，主要分布在杭州市和绍兴市交界处的区县。2008年杭州及周边城市开发区的产值不断上升，产值在50亿元以上的开发区数量明显增多，产值在100亿元以上的开发区从空间上来看还是主要集中在杭州市和绍兴市的交界区县内。宁波市的宁波鄞州工业园区、宁波高新技术产业开发区，嘉兴市的嘉善经济技术开发区（批准设立时间为2011年）、平湖经济技术开发区（批准设立时间为2013年）和金华市的金华经济技术开发区（批准设立时间为2010年）、浙江永康经济开发区的产值也达到了 100 亿元以上。2013 年除个别开发区外，其余大多数开发区的制造业产值都达到了 30 亿元以上，产值 100 亿元以上的开发区数量更多且分布更加广泛。2003~2013 年杭州及周边城市开发区制造业产值的增加，表明杭州及周边城市开发区的发展速度得到了很大的提升，这与制造业企业数量增加，相关行业企业集聚，进而产生规模效益等因素密不可分。

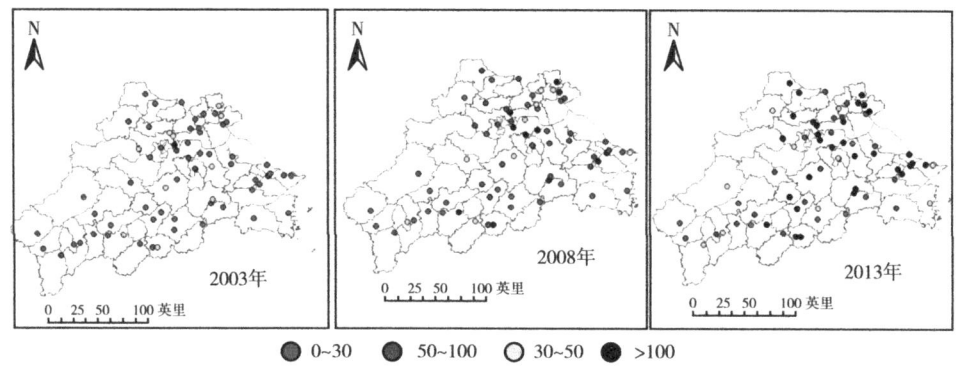

图 10-2　2003~2013 年杭州及周边城市开发区制造业的产值（亿元）

第三节

开发区制造业从业人员人均产值的空间分析

汇总杭州及周边城市各个开发区 18 个制造业行业的从业人员人均产值，即开发区制造业总产值/从业人员数，并将其用 ArcGIS 软件表示在区县行政区划矢量图中，如图 10-3 所示。2003 年杭州及周边城市各个开发区的制造业从业人员人均产值还相对较低，人均产值大于 50 万元的开发区主要集中在杭州市主城区，主要有杭州钱江经济开发区（批准设立时间为 2006 年）、杭州高新技术产业开发区、杭州经济技术开发区、杭州江东工业园区（批准设立时间为 2006 年）、萧山经济技术开发区。2008 年，杭州及周边城市开发区的人均产值明显上升，制造业从业人员人均产值高于 100 万元的开发区主要有富阳经济技术开发区（批准设立时间为 2012 年）、浙江淳安经济开发区、浙江建德经济开发区、宁波石化经济技术开发区（批准设立时间为 2010 年）、浙江南浔经济开发区、浙江开化工业园区，分布较为分散。2013年大多数开发区制造业从业人员人均产值均有所降低，人均产值高于100万元的开发区数量也减少至三个，分别为杭州经济技术开发区、杭州湾上虞经济技术开发区和乍浦经济开发区。

对比杭州及周边城市开发区和各个区县的制造业从业人员人均产值可以发现，人均产值高的开发区分布在人均产值高的区县，具有一致性，并且可以看到开发区的制造业从业人员人均产值高于所在区县的人均产值，这表明开发区的设立不仅集聚了同类型行业的企业，形成产业集聚和完整的产业链，形成了开发区本身的产业优势，而且还增加了该开发区的制造业生产总值和从业人员生产总值，成为区域经济发展的主力军。

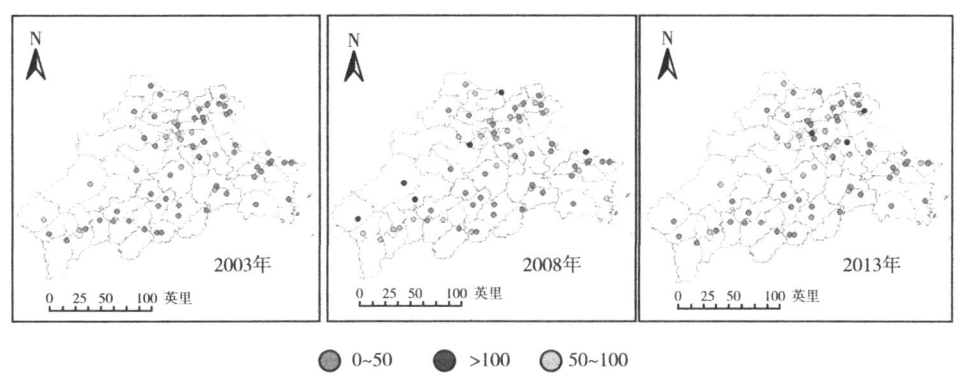

图10-3 2003~2013年杭州及周边城市开发区制造业的从业人员人均产值（万元）

第四节

小结

本章利用缓冲区分析讨论了杭州及周边城市的开发区制造业企业成长及其效率。分析表明，开发区政策具有明显的产业集聚效应，会显著吸引企业入驻。2008年相较于2003年，杭州及周边城市的各个开发区制造业企业数量的增长率整体来看都较高，甚至超过500%，2013年相较于2008年，整体数量增长放缓，但浙江新昌工业园区、浙江磐安工业园区、浙江常山工业园区、浙江龙游工业园区的制造业企业数量相比2008年仍增长200%以上。

我们发现2008~2013年，企业数量增长率最高的开发区均位于各个城市的县或县级市，表明杭州及周边城市制造业企业的空间布局呈现出郊区化的倾向。

缓冲分析还表明，在杭州余杭经济技术开发区、绍兴柯桥经济技术开发区、浙江安吉经济开发区、浙江永康经济开发区、宁波石化经济技术开发区、浙江永康经济开发区等，是食品制造业、纺织业、家具制造业、金属制品业、化学原料和化学制品制造业及铁路、船舶、航空航天和其他运输设备制造业企业数量最多的开发区，而且在研究期内相对稳定性。

从产值来看，2003~2013年杭州及周边城市开发区制造业产值的增加，表明杭州及周边城市开发区的发展速度得到了很大的提升，这与制造业企业数量增加，相关行业企业集聚，进而产生规模效益等因素密不可分。

从人均产值角度，2003年杭州及周边城市各个开发区的制造业从业人员人均产值还相对较低，人均产值大于50万元的开发区主要集中在杭州市主城区。2008年，杭州及周边城市开发区的人均产值明显上升，制造业从业人员人均产值高于100万元的开发区，分布较为分散，说明制造业经历产业转移过程的同时，周边地区的制造业效率也同步提升。2013年大多数开发区制造业从业人员人均产值均有所降低，人均产值高于100万元的开发区数量也减少至3个。

参 考 文 献

[1] 安虎森. 区域经济学通论 [M]. 北京: 经济科学出版社, 2004: 23 - 32, 107 - 129, 256 - 274.

[2] 柴志贤. FDI 推动了中国工业绿色生产了的增长吗? [J]. 经济论坛, 2011, 26 (9): 105 - 107.

[3] 柴志贤. 工业集聚、城市化与区域创新能力——基于中国省级面板数据的研究 [J]. 技术经济, 2008, 27 (5): 1 - 7.

[4] 柴志贤. 利用外资、环境约束与中国工业全要素生产率的增长——基于 Malmquist 指数与 Malmquist—Luenberger 指数的比较研究 [J]. 技术经济, 2013, 32 (1): 64 - 70.

[5] 陈建军. 长江三角洲地区产业结构与空间结构的演变 [J]. 浙江大学学报, 2007, 37 (2): 88 - 98.

[6] 陈伟杨、吴佳敏、唐承丽. 长沙市产业空间格局特征分析 [J]. 国土资源导刊, 2019, 16 (4): 8 - 14.

[7] 陈怡. 对外开放对中国制造业行业间工资差距影响的研究 [M]. 南京: 东南大学出版社, 2011: 22 - 29.

[8] 陈友华、吕程. 土地即权力: 城市化进程中房价与地价的互动机制及其运行逻辑 [J]. 江苏行政学院学报, 2014, 3: 51 - 60.

[9] 陈泽星、刘英奎、杨秀清等. 中国出口地图 (1999~2003) [M]. 北京: 社会科学文献出版社, 2007: 103 - 124.

[10] 陈钊、陆铭. 首位城市该多大?——国家规模、全球化和城市化的影响 [J]. 学术月刊, 2014, 5: 5 - 16.

[11] 仇健勇. 我国省际制造业效率及影响因素分析 [D]. 天津: 天津财

经大学,2013.

[12] 崔大树、杨永亮. 生产性服务业空间分异的动因与表现——一个理论分析框架 [J]. 学术月刊, 2014, 13 (3): 94-102.

[13] 崔大树、张晓亚. 长江三角洲城市群空间效率测度研究 [J]. 地理科学, 2016, 36 (3): 393-400.

[14] 杜鹏、鄢萍萍. 大连市制造业空间格局演变及影响因素分析 [J]. 资源开发与市场, 2020, 36 (1): 52-56.

[15] 冯泰文、孙林岩、何哲等. 制造与服务的融合: 服务型制造 [J]. 科学学研究, 2009, 27 (6): 837-845.

[16] 冯泰文. 生产性服务业的发展对制造业效率的影响——以交易成本和制造成本为中介变量 [J]. 数量经济技术经济研究, 2009, 27 (3): 56-65.

[17] 韩晶. 中国高技术产业创新效率研究——基于SFA方法的实证分析 [J]. 科学研究, 2010, 28 (3): 467-472.

[18] 何龙斌. 基于产业集群的西部地区承接东部产业转移研究 [J]. 商业研究, 2010 (8): 144-147.

[19] 贺灿飞、谢秀珍. 中国制造业地理集中与省区专业化 [J]. 地理学报, 2006, 61 (2): 212-222.

[20] 贺灿飞、肖晓俊、邹沛思. 中国城市正在向功能专业化转型吗?——基于跨国公司区位战略的透视 [J]. 城市发展研究, 2012, 3: 20-29.

[21] 贺正楚、王姣、曹文明. 中国汽车制造业的产业地图及影响产业布局的因素 [J]. 科学决策, 2018 (5): 1-29.

[22] 胡森林、曾刚、滕堂伟、庄良、刘海猛、孙蓉. 长江经济带产业的集聚与演化——基于开发区的视角 [J]. 地理研究, 2020, 39 (3): 611-626.

[23] 华广敏、荆林波. 中日高技术服务业FDI对制造业效率影响的比较研究——基于中介效应分析 [J]. 世界经济研究, 2013, 26 (11): 66-73.

[24] 黄莉芳、黄良文、郭玮. 生产性服务业提升制造业效率的传导机制检验——基于成本和规模中介效应的实证分析 [J]. 财贸研究, 2012, 23 (3): 22-30.

[25] 黄路娜. 生产性服务贸易对我国制造业效率的影响 [D]. 北京: 对

外经济贸易大学，2009.

[26] 黄婷婷、张晓平. 京津冀都市圈汽车产业空间布局演化研究 [J]. 地理研究，2014，33（1）：83－95.

[27] 黄蕊、崔大树. 基于主成分分析法的浙中城市群空间组织特征演变分析 [J]. 经济视角（下旬刊），2013，5（4）：71－73.

[28] 黄微. 东部地区生产性服务业对制造业效率提升作用的实证分析 [D]. 广州：华南理工大学，2014.

[29] 黄月. 科技投入对我国制造业效率影响的实证研究 [D]. 重庆：重庆大学，2015.

[30] 贾卓、陈兴鹏、袁媛. 中国西部城市群城市间联系测度与功能升级研究 [J]. 城市发展研究，2013，4：71－76.

[31] 简晓彬、仇方道、车冰清. 我国制造业价值链攀升效率的区域分异及空间收敛性 [J]. 经济地理，2016，36（11）：100－108.

[32] 江静、刘志彪、于明超. 生产者服务业发展与制造业效率提升：基于地区和行业面板数据的经验分析 [J]. 世界经济，2007（8）：52－62.

[33] 蒋坤. 我国生产性服务业 FDI 对制造业效率的影响机制分析 [D]. 长春：吉林大学，2017.

[34] 蒋丽. 广州制造业空间布局及其形成原因 [J]. 热带地理，2014，34（6）：850－858.

[35] 金贵、王占岐、杨俊、姚小薇. 基于引力模型与回归分析的城市群地价空间结构 [J]. 地域研究与开发，2013，6：29－33.

[36] 荆林波. 中国高技术服务业 FDI 影响制造业效率的实证研究——基于面板数据 [J]. 中国社会科学院研究生院学报，2014，25（4）：43－47.

[37] 孔令池. 中国制造业布局特征及空间重塑 [J]. 经济学家，2019（4）：41－48.

[38] 孔婷、孙林岩、冯泰文. 生产性服务业对制造业效率调节效应的实证研究 [J]. 科学学研究，2010，28（3）：357－364.

[39] 蓝庆新、陈超凡. 新型城镇化推动产业结构升级了吗？——基于中国省级面板数据的空间计量研究 [J]. 财经研究，2013，14（12）：37－48.

[40] 李建新、杨永春、蒋小荣、王宝君、张薇. 1998~2013年中国地级单元制造业规模与结构高级度协调发展的时空特征 [J]. 地理科学, 2018, 38 (12): 2014-2023.

[41] 李金华. 中国现代制造业体系论 [M]. 北京: 中国社会科学出版社, 2015: 17-27.

[42] 李桥兴、李妍. 我国中医药制造业空间布局特征与评价研究 [J]. 世界地理研究, 2019, 28 (3): 146-154.

[43] 李鑫. 陕西省制造业效率提升的影响因素研究 [D]. 西安: 西安理工大学, 2016.

[44] 林楠. 生产性服务业对制造业效率的影响机制研究——以生产制造成本和交易成本为中介变量 [D]. 合肥: 安徽财经大学, 2013.

[45] 刘纯彬、杨仁发. 中国生产性服务业发展对制造业效率影响实证分析 [J]. 中央财经大学学报, 2013, 1 (8): 69.

[46] 刘桂林. 基于实证视角的我国医药制造业效率研究 [D]. 天津: 天津大学, 2010.

[47] 刘汉初、樊杰、张海朋、王甫园. 珠三角城市群制造业集疏与产业空间格局变动 [J/OL]. 地理科学进展, 2020 (2): 1-12.

[48] 刘剑、胡浩. 环境规制与中国农药制造业布局的变迁——基于1995~2012年的数据分析 [J]. 经济问题, 2014 (7): 57-60, 100.

[49] 刘明宇、芮明杰、姚凯. 生产性服务价值链嵌入与制造业升级的协同演进关系研究 [J]. 中国工业经济, 2010, 5 (8): 66-75.

[50] 刘仁伍. 浙江民营经济发展报告 (2011) [M]. 北京: 社会科学文献出版社, 2012: 52-80.

[51] 陆铭、向虎宽、陈钊. 中国的城市化和城市体系调整: 基于文献的评论 [J]. 世界经济, 2011, 6: 3-25.

[52] 陆铭. 大国大城 [M]. 上海: 上海人民出版社, 2016.

[53] 吕政. 国际产业转移与中国制造业发展 [M]. 北京: 经济管理出版社, 2006: 54-56, 76, 109.

[54] 马昂主. 全球化空间重组与中国长三角城市"呼应构想" [J]. 经

济地理，2008（6）：999-1003.

[55] 马俊英、史晋川、罗德明. 出口贸易、所有制部门结构与制度进步 [J]. 世界经济，2015，1（12）：108-134.

[56] 马晓蕾. 东北老工业基地制造业效率评价与提升路径研究 [D]. 长春：中国科学院研究生院（东北地理与农业生态研究所），2016.

[57] 马燕坤. 城市群功能空间分工形成的演化模型与实证分析 [J]. 经济管理，2016，12：31-46.

[58] 满爱华、仇方道、郭梦梦、迟明妹. 资源型城市制造业结构转型与空间布局的协调性分析——以山东省济宁市为例 [J]. 江苏师范大学学报（自然科学版），2018，36（2）：16-21.

[59] 毛丰付、袭文龙. 纵向分权、横向竞争与土地价格扭曲 [J]. 经济与管理研究，2013，12：35-47.

[60] 毛琦梁、王菲、李俊. 新经济地理、比较优势与中国制造业空间格局演变——基于空间面板数据模型的分析 [J]. 产业经济研究，2014（2）：21-31.

[61] 毛日昇、魏浩. 所有权特征、技术密集度与FDI技术效率外溢 [J]. 管理世界，2007，17（10）：31-42.

[62] 蒙英华、黄宁. 中美服务贸易与制造业效率——基于行业面板数据的考察 [J]. 财贸经济，2010，5（12）：96-103.

[63] 蒙英华、尹翔硕. 生产者服务贸易与中国制造业效率提升——基于行业面板数据的考察 [J]. 世界经济研究，2010，24（7）：38-44.

[64] 聂辉华、贾瑞雪. 中国制造业企业生产率与资源误置 [J]. 世界经济，2011，11（7）：27-42.

[65] 聂辉华、谭松涛、王宇锋. 创新、企业规模和市场竞争：基于中国企业层面的面板数据分析 [J]. 世界经济，2008，31（7）：57-66.

[66] 齐讴歌、赵勇. 城市群功能分工的时序演变与区域差异 [J]. 财经科学，2014，7：114-121.

[67] 庆兰. 中国地区制造业竞争力新论 [M]. 科学出版社，2006：14-31.

[68] 邱斌、杨帅、辛培江. FDI技术溢出渠道与中国制造业生产率增长

研究：基于面板数据的分析 [J]．世界经济，2008，31 (8)：20-31.

[69] 邱斌．FDI 技术溢出渠道与中国制造业全要素生产率增长研究 [M]．南京：东南大学出版社，2009，45-47，56，102．

[70] 任辉、吴群．城市住宅地价空间分异及其驱动要素研究 [J]．求索，2013，4：221-224．

[71] 沈玉芳．产业结构升级与城镇空间模式协同性研究 [M]．北京：科学出版社，2009：97-102．

[72] 石灵云．产业集聚、外部性与劳动生产率：来自中国制造业四位数行业的证据 [M]．上海：立信会计出版社，2010，23-31．

[73] 石腾超、邹一南．我国制造业全要素生产率区域差异及其原因研究——基于制造业 2003~2011 年面板数据的实证分析 [J]．区域经济评论，2014，35 (1)：130-137．

[74] 孙佳．中国制造业产业升级及生产性服务业发展研究：基于分工的视角 [M]．北京：人民出版社，2013：59-60，72，89．

[75] 孙久文、胡安俊．产业转入、转出的影响因素与布局特征——基于中国城市四位数制造业的分析 [J]．南开学报（哲学社会科学版），2013 (5)：97—104．

[76] 孙久文、原倩．我国区域政策的"泛化"、困境摆脱及其新方位找寻 [J]．改革，2014，4：14-29．

[77] 孙磊、张晓平．北京制造业空间布局演化及重心变动分解分析 [J]．地理科学进展，2012，31 (4)：491-497．

[78] 孙志燕．中国制造业空间布局的新趋势及对策建议 [J]．区域经济评论，2014 (4)：10-13．

[79] 覃成林、熊雪如．我国制造业产业转移动态演变及特征分析——基于相对净流量指标的测度 [J]．产业经济研究，2013 (1)：12-21．

[80] 汤庆园、徐伟、艾福利．基于地理加权回归的上海市房价空间分异及其影响因子研究 [J]．经济地理，2012，32 (2)：52-58．

[81] 滕飞、刘毅、宋金平、申红艳．中国风电装备制造业的空间格局及影响因素分析 [J]．资源与产业，2014，16 (3)：80-86．

[82] 王滨. FDI 技术溢出、技术进步与技术效率——基于中国制造业 1999-2007 年面板数据的经验研究 [J]. 数量经济技术经济研究, 2010, 31 (2): 93-103.

[83] 王春杨、吴国誉. 中国制造业的区域转移——基于地区产业结构演进视角的分析 [J]. 城市与环境研究, 2015 (3): 82-96.

[84] 王俊. 流通业对制造业效率的影响——基于我国省级面板数据的实证研究 [J]. 经济学家, 2011, 1 (1): 70-77.

[85] 王俊松. 长三角制造业空间格局演化及影响因素 [J]. 地理研究, 2014, 33 (12): 2312-2324.

[86] 王克忠. 城镇化路径 [M]. 上海: 同济大学出版社, 2012: 38, 57, 103.

[87] 王猛、高波、樊学瑞. 城市功能专业化的测量和增长效应: 以长三角城市群为例 [J]. 产业经济研究, 2015, 6: 42-51.

[88] 王文治. 外资比重对中国制造业竞争力提升的影响机制研究 [M]. 北京: 中国经济出版社, 2010: 98-108.

[89] 王玉海、何海岩. 产业集群与京津冀协调发展 [J]. 中国特色社会主义研究, 2014 (4): 101-106.

[90] 王振山、张绍良、张英、张锦辉. 城市绿地对住宅地价的溢出效应分析——以 51 个绿地建设优等区城市为例 [J]. 干旱区资源与环境. 2016, 4: 24-29.

[91] 魏后凯. 产业转移的发展趋势及对竞争力的影响 [J]. 福建论坛, 2003 (4): 11-15.

[92] 魏后凯. 大都市区新型产业分工与冲突管理——基于产业链分工的视角 [J]. 中国工业经济, 2007, 2: 28-32.

[93] 魏后凯. 中国城镇化进程中的两极化倾向与规模格局重构 [J]. 中国工业经济, 2014, 3: 18-30.

[94] 魏宗财、甄峰、席广亮、王波. 全球化、柔性化、复合化、差异化: 信息时代城市功能演变研究 [J]. 经济地理, 2013, 6: 48-52.

[95] 文东伟、冼国明. 中国制造业产业集聚的程度及其演变趋势: 1998~

2009年[J]. 世界经济, 2014, 37 (3): 3-31.

[96] 巫细波. 广州汽车制造业空间布局变化及影响因素研究——基于GIS方法[J]. 汽车工业研究, 2019 (4): 29-33.

[97] 吴爱芝、李国平、马笑天. 纺织服装产业空间布局演化研究回顾及其展望[J]. 世界地理研究, 2017, 26 (1): 85-93.

[98] 吴汉贤、邝国良. 广东产业转移动因及效应研究[J]. 科技管理研究, 2010, 30 (15): 8, 68-71.

[99] 肖周燕. 中国城市功能定位调控人口规模效应研究[J]. 管理世界, 2015, 12 (3): 168-169.

[100] 许陆军. 高技术服务业FDI与技术创新能力对制造业效率的影响研究[D]. 合肥: 安徽大学, 2016.

[101] 宣烨、余泳泽. 生产性服务业层级分工对制造业效率提升的影响——基于长三角地区38城市的经验分析[J]. 产业经济研究, 2014, 3: 1-10.

[102] 姚娟. 产业集群中FDI行业内与行业间溢出效应研究: 基于长三角地区制造业企业面板数据的分析[M]. 北京: 北京交通大学出版社, 2013: 56-92.

[103] 尹希果、刘培森. 城市化、交通基础设施对制造业集聚的空间效应[J]. 城市问题, 2014 (11): 13-20.

[104] 余泳泽、刘大勇、宣烨. 生产性服务业集聚对制造业生产效率的外溢效应及其衰减边界——基于空间计量模型的实证分析[J]. 金融研究, 2016, 27 (2): 23-36.

[105] 郁鸿胜、宗传宏、李娜等. 中国经济引擎: 长三角城市综合竞争力发展报告[M]. 上海: 上海人民出版社, 2012: 39-104.

[106] 喻春娇、肖德、胡小洁. 武汉城市圈生产性服务业对制造业效率提升作用的实证[J]. 经济地理, 2012, 32 (5): 93-98.

[107] 原鹏飞. 中国制造业生产效率变迁研究[D]. 西安: 陕西师范大学, 2006.

[108] 张汉林. 制造业承诺与重新分工和产业升级[M]. 北京: 人民日

报出版社，2002：34-42.

[109] 张杰、唐根年. 浙江省制造业空间分异格局及其影响因素 [J]. 地理科学，2018，38（7）：1107-1117.

[110] 张捷、张卓. 协同理论下江苏航空制造业空间布局优化对策 [J]. 现代经济探讨，2011（4）：84-88.

[111] 张静、张丽芳、濮励杰、管驰明. 基于 GWR 模型的城市住宅地价的时空演变研究——以江苏省为例 [J]. 经济地理，2012，32（7）：829-834.

[112] 张若雪. 从产品分工走向功能分工：经济圈分工形式演变与长期增长 [J]. 南方经济，2009，9：37-42.

[113] 张妍，赵坚. 产业集聚度视角下的开发区产业集群效率分析——以兰州新区为例 [J]. 统计与决策，2020，36（12）：117-120.

[114] 张振刚，陈志明，胡琪玲. 生产性服务业对制造业效率提升的影响研究 [J]. 科研管理，2014，35（1）：131-138.

[115] 赵渺希. 全球化进程中长三角区域城市功能的演进 [J]. 经济地理，2012，3：50-56.

[116] 赵勇、白永秀. 中国城市群功能分工测度与分析 [J]. 中国工业经济，2012，11：18-31.

[117] 赵勇、魏后凯. 政府干预、城市群空间功能分工与地区差距 [J]. 管理世界，2015，8：14-29.

[118] 郑国. 北京市制造业空间结构演化研究 [J]. 人文地理，2006（5）：84-88.

[119] 郑江淮、高彦彦、胡小文. 企业"扎堆"、技术升级与经济绩效——开发区集聚效应的实证分析 [J]. 经济研究，2008（5）：33-46.

[120] 郑思齐、曹洋、刘洪玉. 城市价值在住房价格中的显性化及其政策含义 [J]. 城市发展研究，2008，1：45-52.

[121] 周鹏. 基于网络 DEA 方法的中国制造业效率与生产率研究 [D]. 合肥：合肥工业大学，2016.

[122] 周韬、郭志仪. 城市空间演化与产业升级 [J] 城市问题，2015，3：25-30.

[123] 朱传广、唐焱、吴群. 基于Hedonic模型的城市住宅地价影响因素研究——以南京市为例地域研究与开发 [J] 2014, 33 (3): 156-160.

[124] 朱道林、徐思超. 基于城市人口变化的住房需求与土地及住宅供给关系研究 [J]. 中国土地科学, 2013, 27 (11): 45-51.

[125] 朱翔. 长株潭城市群产业布局优化研究 [J]. 国土资源导刊, 2013, 10 (2): 51-52.

[126] 朱彦刚、贺灿飞、刘作丽. 跨国公司的功能区位选择与城市功能专业化研究 [J]. 中国软科学, 2010 (11): 98-109.

[127] Aurousseau M. the Distribution of Population: a ConstructiveProblem [J]. Geographical Review, 1921, 11 (4): 563-592.

[128] Bade, F. J, Laaser C. F. and Soltwedel R. Urban Specialization in the Internet Age——Empirical Findings for Germany [R]. Kiel Working Paper, 2004.

[129] Bruhan NCP, Calegario CLL. Productivity Spillovers from Foreign Direct Investment in the Brazilian Processing Industry [J]. BAR - Brazilian Administration Review, 2013, Vol. 11, No. 1: 22-46.

[130] Chang T P, Hu J L. Total - factor energy productivity growth, technical progress, and efficiency change: An empirical study of China [J]. Applied Energy, 2010, Vol. 87; No. 10: 3262-3270.

[131] Christerson B, Appelbaum R. Global and local subcontracting: space, ethnicity, and the organization of Apparel Production [J]. World Development, 1995, 23 (8): 1363-1374.

[132] Davis, J. C. and Henderson, J. V. The Agglomeration ofHeadquarters [J]. Regional Science and Urban Economics, 2008, 38 (5): 445-460.

[133] Duranton, G. and Puga, D. From Sectoral to Functional Urban Specialization [J]. Journal of Urban Economics, 2005, 57 (2): 343-370.

[134] Ellison, G.., Glaeser, E. and Kerr, L. What Causes Industry Agglomeration? Evidence from Co - AgglomerationPatterns [J]. American Economic Review, 2010 (3): 1195-1213.

[135] Finn R. Førsund, . Economic interpretations of DEA. [J]. Socio - Eco-

nomic Planning Sciences, 2018, Vol. 12, No. 23: 9 - 15

[136] Fujita, M. and Mori, T. Structural Stability and Evolution of Urban Systems, Regional Science and Urban Economics [J]. 1997, 25: 399 - 442.

[137] Gao, Xiaolu, Asami, Yasushi. Effect of urban landscapes on land prices in two Japanese cities [J]. Landscape and Urban Planning, 2007, 81: 155 - 166.

[138] Grossman, G. M., Hansberg, R. E., the Rise of Offshoring: it is not Wine for Cloth Anymore, Federal Reserve Bank of Kansas City Working Paper.

[139] Harris. C. D. A Functional Classification of Cities in the United States. Geographical Review, 1943, 33: 88 - 99.

[140] Henderson J. V. and Ono Y. Where do manufacturing firms locate their headquarters [J]. Journal of Urban Economics, 2008, 63 (2): 431 - 450.

[141] Henderson J. V. Marshall's Scale Economies [J]. NBER working paper no: 7358, 1999.

[142] Jose L. Ruiz, Inmaculada Sirvent. Performance evaluation through DEA benchmarking adjusted to goals. [J]. omega. 2018. Vol. 13. No. 12: 8 - 14

[143] K. Hitomi. Efficiency analysis of Japan's industry and manufacturing. [J]. Technovation, 2004, Vol. 35, No. 24: 741 - 748.

[144] Khan V. and Vives X. Why and Where do Headquarters Move [J]. Regional Science and Urban Economics, 2009, 32: 168 - 186.

[145] Kim Y, Barkley D, Henry M. Industry characteristics linked to establishment concentrations in non - metropolitanareas [J]. Journal of Regional Science, 2000, 40 (2): 231 - 259.

[146] Kolko, J. Can I Get some service here: Information Technology, Service Industries, and the Future of Cities, Mimeo, Harvard University.

[147] Krugman, P., Venables, A J., Globalization and the inequality of nations [J]. Quarterly Journal of Economics, 1995, 110 (4): 857 - 880.

[148] Lecraw DJ. Multinational Enterprise an Economic Analysis [J]. Journal of InternationalBusiness Studies, 1983, Vol. 14, No2: 158 - 160.

[149] Logan M I. Manufacturing Decentralization in the Sydney metropolitanarea [J]. Economic Geography, 1964, 40 (2): 151 – 162.

[150] M Fujita, JF Thisse. Does Geographical Agglomeration Foster Economic Growth? And Who Gains and Loses from It? [J]. Cepr Discussion Papers, 2002, 54 (2): 121 – 145.

[151] Magnus B M. Foreign investment, technical efficiency, and structural change: evidenc from mexican manufacturing industry [J]. national ekonomiska Institutionen Vid G Teborgs Universitet, 1983, Vol. 24, No. 27: 152 – 157.

[152] Markusen JR, Venables AJ. Foreign direct investment as a catalyst for industrial development [J]. Nber Working Papers, 1997, Vol. 43, No. 2: 335 – 356.

[153] Mona Barat, Ghasem Tohidi*, Masoud Sanei. DEA for nonhomogeneous mixed networks. [J]. Asia Pacific Management Review, 2018, Vol. 28, No. 7: 1 – 6

[154] Norton RD, Rees J. The product cycle and the spatial decentralization of American manufacturing [J]. Regional Studies, 1979, 13 (2): 141 – 151.

[155] Ota, M. and Fujita, M. Communication Technologies and Spatial Organization of Multi – unit Firms in Metropolitan Areas [J]. Regional Science and Urban Economics, 1993, 23 (6).

[156] Ronald W. Edward, Peter J. Buckley. Choice of location and mode of the case of Australian investors in the UK [J]. International Business Review, 1998, 7: 503 – 520.

[157] Scott A J. Locational patterns and dynamics of industrial activity in the modernmetropolis [J]. Urban Studies, 1982, 19 (2): 111 – 141.

[158] Suganthi L. Multi expert and multi criteria evaluation of sectoral investments for sustainable development: an integrated fuzzy AHP, VIKOR/DEA methodology. [J]. Accepted Manuscript. 2018, Vol. 27, No. 08: 22

[159] Turk R, Rezvanian R, Mehdian S M. Cost Efficiency, Technological Progress and Productivity Growth of Banksin GCC Countries [J]. Social Science Electronic Publishing, 2007, Vol. 16, No. 4: 471 – 487.

[160] Vlontzos G, Theodoridis A. Efficiency and productivity change in the Greek dairy industry. [J]. Agricultural Economics Review, 2013, Vol.14 No.2: 14-28.

[161] Woodward D P. Locational determinants of Japanese manufacturing start—ups in theunited states [J]. The Southern Economic Journal, 1992, 58 (3): 690-708.

[162] Worthington A C, Lee B L. Efficiency, technology and productivity change in Australian universities, 1998-2003 [J]. Economics of Education Review, 2008, Vol.27, No.3: 285-298.

[163] Yan P, Wang B. Technical efficiency, technical progress&productivity growth: An empirical analysis based on DEA [J]. Economic Research Journal, 2004, Vol.16, No.25: 167-175.

[164] Zhao, S. X., Cai J. M. and Zhang L. Asymmetric Information as a Key Determinant for Locational Choice of MNC Headquarters and the Development of Financial Centers: a Case for China [J]. China Economic Review, 2005, 16 (3): 308-331.

[165] Zheng S, Kahn ME, Liu H. Towards a system of open cities in China: home prices, FDI flows and air quality in 35 major cities. Regional Scienceand Urban Economics, 2010, 40 (1): 1-10.

[166] Zhou D M. Technical Progress, Technical Efficiency, and Productivity Growth of China's Agriculture [J]. Journal of Quantitative&Technical Economics, 2009, Vol.33, No.15: 27-44.